DICCIONARIOS VISUALES ALTEA

DICCIONARIO
VISUAL de

LAS COSAS DE CADA DÍA

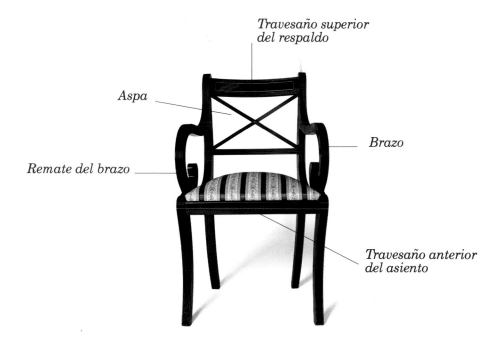

Travesaño superior
del respaldo

Aspa

Brazo

Remate del brazo

Travesaño anterior
del asiento

VISTA FRONTAL DE UNA SILLA

Anillo intermedio

Portacarrete

Contratuerca

Cabeza de puntera

Contera

Empuñadura

CAÑA DE PESCAR

Móvil de escape

Piñón

Móvil de tercero

Móvil de centro

MECANISMO INTERNO DE UN RELOJ

Llave para
dar cuerda

Conmutador

Auricular

Soporte

Microteléfono

**VISTA EXTERIOR
DE UN TELÉFONO**

Cubo

Radio

Llanta

Cámara

Válvula

Neumático

RUEDA DELANTERA

Lengüeta

Vivo

Pala

Puntera

Contrafuerte

CRENSON
6154/19 7/EX

CORTE TRANSVERSAL DE UN ZAPATO ACABADO

Tacón

Suela exterior

DICCIONARIO VISUAL de
LAS COSAS DE CADA DÍA

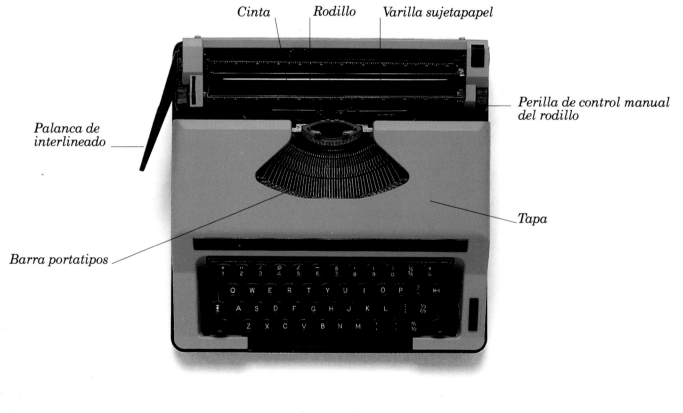

Cinta   *Rodillo*   *Varilla sujetapapel*

Perilla de control manual del rodillo

Palanca de interlineado

Tapa

Barra portatipos

VISTA EXTERIOR DE UNA MÁQUINA DE ESCRIBIR

ALTEA

Consejo editorial:

Londres:
Peter Kindersley, Ross George,
Johnny Pau, Lesley Betts, Tim Fraser,
Stephanie Jackson, Paul Docherty, Clive Webster,
Paul Wilkinson, Chez Picthall, Ruth Midgley, Dave King,
Steve Gorton, Tim Ridley, Hilary Stephens.

Madrid:
María Puncel.

Traducido por Javier Franco Aixelá.

Pluma

Cola

Cabeza

Ala

MOSCA SECA

Título original: *The visual dictionary of everyday things.*

Publicado originalmente en Gran Bretaña en 1991 por
Dorling Kindersley Limited, 9 Henrietta Street,
London WC2E 8PS.

Copyright © 1991 by Dorling Kindersley Limited, Londres.

© 1992, Santillana, S. A.
Elfo, 32. 28027 Madrid.
ISBN: 84-372-4527-3.

Sumario

Solapa

Cartera

Forro del pliegue

GABARDINA

Sillín

Horquilla

Biela derecha

BICICLETA DE MONTAÑA

Refuerzo del contrafuerte

Contrafuerte endurecedor

Contrafuerte

TALÓN INGLÉS

Correa de rebobinado rápido

Cabeza lectora

Palanca de parada automática

PLATINA DE UN MAGNETÓFONO DE BOLSILLO

Agujero de tornillo

Mecanismo de trinquete

CAJA DE ENGRANAJES DE UNA TALADRADORA ELÉCTRICA

Cinta

Puño

Cubierta de tela

PARAGUAS PLEGABLE

Reloj 6

Traje 8

Teléfono 10

Lápices, plumas y bolígrafos 12

Magnetófono de bolsillo 14

Pilas y baterías 16

Caña de pescar 18

Taladradoras 20

Zapatos 22

Maquinillas de afeitar y navajas 24

Libros 26

Cámara fotográfica 28

Osito de peluche 30

Flexo 32

Motosierra 34

Mini televisor portátil 36

Silla 38

Multirrobot de cocina 40

Máquina de escribir 42

Maleta 44

Tostadora 46

Paraguas 48

Cortacéspedes 50

Silla de montar 52

Cafetera exprés 54

Gabardina 56

Bicicleta 58

Índice 60

Colaboraciones 64

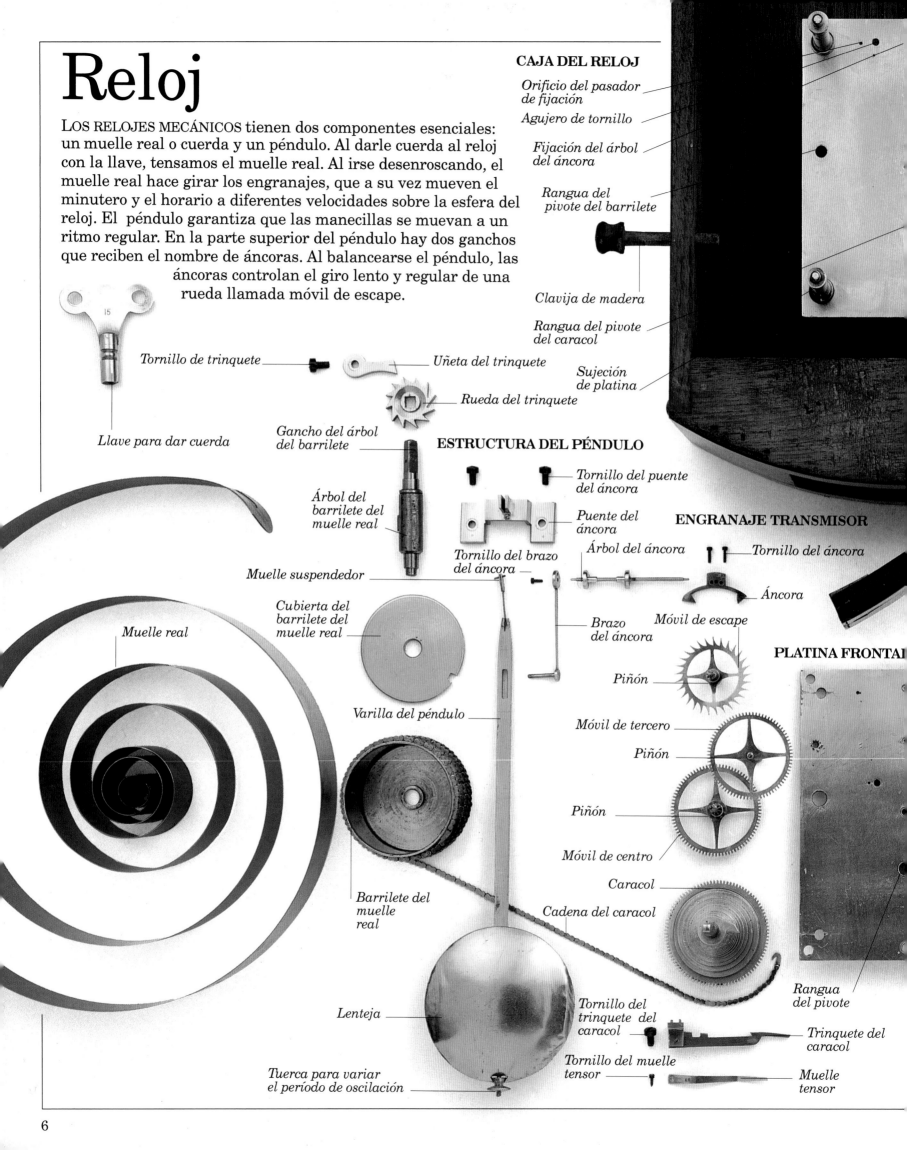

Reloj

LOS RELOJES MECÁNICOS tienen dos componentes esenciales: un muelle real o cuerda y un péndulo. Al darle cuerda al reloj con la llave, tensamos el muelle real. Al irse desenroscando, el muelle real hace girar los engranajes, que a su vez mueven el minutero y el horario a diferentes velocidades sobre la esfera del reloj. El péndulo garantiza que las manecillas se muevan a un ritmo regular. En la parte superior del péndulo hay dos ganchos que reciben el nombre de áncoras. Al balancearse el péndulo, las áncoras controlan el giro lento y regular de una rueda llamada móvil de escape.

CAJA DEL RELOJ

Orificio del pasador de fijación

Agujero de tornillo

Fijación del árbol del áncora

Rangua del pivote del barrilete

Clavija de madera

Rangua del pivote del caracol

Sujeción de platina

Tornillo de trinquete

Uñeta del trinquete

Rueda del trinquete

Llave para dar cuerda

Gancho del árbol del barrilete

ESTRUCTURA DEL PÉNDULO

Tornillo del puente del áncora

Árbol del barrilete del muelle real

Puente del áncora

ENGRANAJE TRANSMISOR

Tornillo del brazo del áncora

Árbol del áncora

Tornillo del áncora

Muelle suspendedor

Brazo del áncora

Áncora

Cubierta del barrilete del muelle real

Móvil de escape

PLATINA FRONTAL

Muelle real

Piñón

Varilla del péndulo

Móvil de tercero

Piñón

Piñón

Móvil de centro

Barrilete del muelle real

Caracol

Cadena del caracol

Rangua del pivote

Lenteja

Tornillo del trinquete del caracol

Trinquete del caracol

Tuerca para variar el período de oscilación

Tornillo del muelle tensor

Muelle tensor

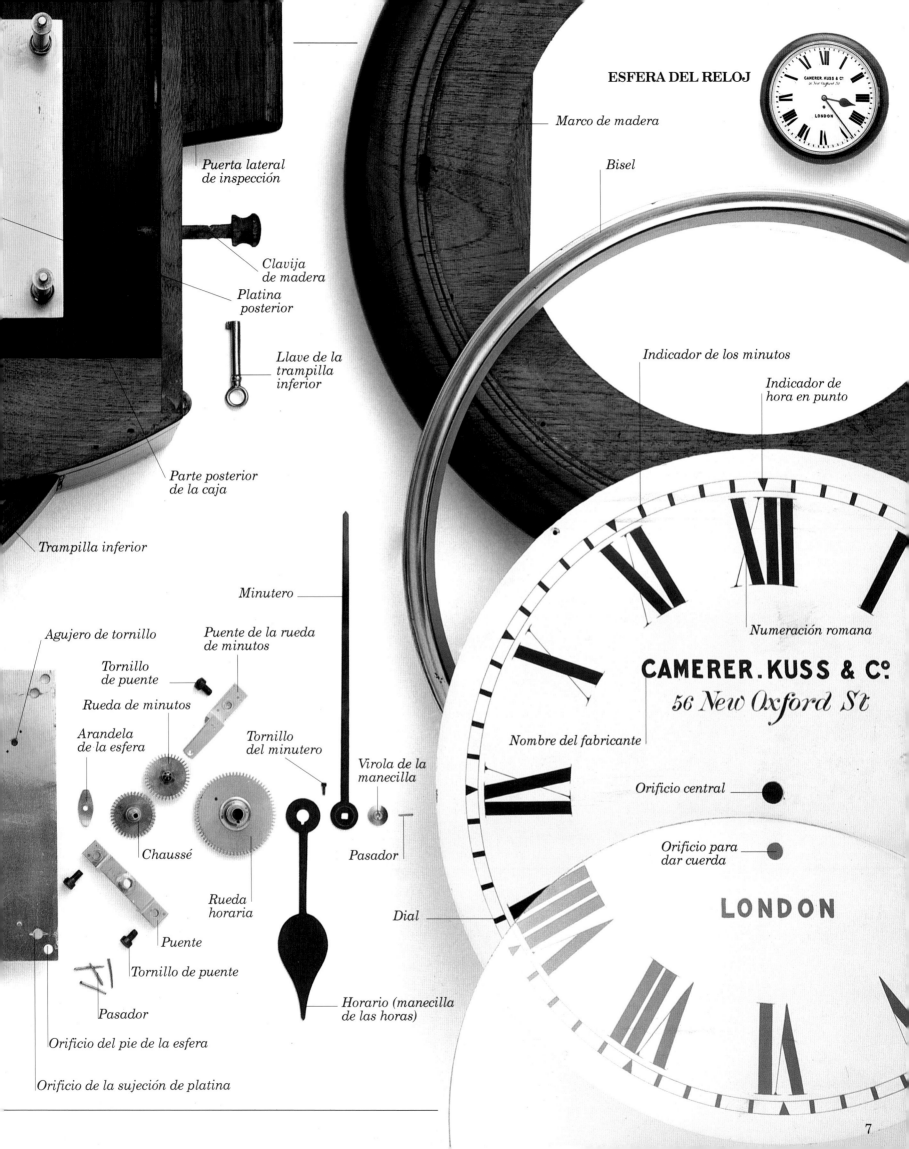

Puerta lateral
de inspección

Clavija
de madera

Platina
posterior

Llave de la
trampilla
inferior

Parte posterior
de la caja

Trampilla inferior

Minutero

Agujero de tornillo

Puente de la rueda
de minutos

Tornillo
de puente

Rueda de minutos

Arandela
de la esfera

Tornillo
del minutero

Virola de la
manecilla

Chaussé

Pasador

Rueda
horaria

Puente

Tornillo de puente

Pasador

Dial

Orificio del pie de la esfera

Horario (manecilla
de las horas)

Orificio de la sujeción de platina

ESFERA DEL RELOJ

Marco de madera

Bisel

Indicador de los minutos

Indicador de
hora en punto

Numeración romana

CAMERER. KUSS & C°.
56 New Oxford St

Nombre del fabricante

Orificio central

Orificio para
dar cuerda

LONDON

7

Traje

UN TRAJE DE HOMBRE DE DOS PIEZAS está compuesto por una chaqueta y unos pantalones hechos de la misma tela; un traje de tres piezas tiene además un chaleco. Muchos de los detalles de diseño de los trajes modernos se explican por necesidades de hace siglos. Por ejemplo, los faldones de la parte de atrás de la chaqueta servían para que la prenda sentara mejor cuando se iba a caballo. Los trajes se venden ya confeccionados de antemano o hechos a medida. Cuando es hecho a medida, el cliente elige el estilo y la tela, mientras que el sastre tiene que tomarle cuidadosamente las medidas a su cliente. El sastre hace luego un patrón con las medidas y lo utiliza como guía para ir cortando los numerosos trozos de tela y de forro que hacen falta para confeccionar el traje.

CHAQUETA

Tapa del cuello

Presilla

Espalda

Refuerzo

Delantero

Entretela

Plastón

Forro de la espalda

Guata

Hilván

MANGA DERECHA

Hombrera

Entretela del hombro

Vuelta de la solapa

BOLSILLO INTERIOR

Forro del delantero

Cartera y forro del bolsillo

Forro

Bocamanga

Forro

Sobre manga

Forro del bolsillo

Forro del puño

Cerillera

Falso del puño

BOLSILLO LATERAL

Botón del puño

Vivo del bolsillo

Refuerzo

Vista del bolsillo

Forro del bolsillo

Botón para tirante

Cierre

PANTALONES

Trabilla del cinturón

Forro

Trasero derecho del pantalón

Delantero derecho del pantalón

CUELLO

Entretela del cuello

Cuello

Espalda

Refuerzo

BOLSILLO DE PECHO

Cartera del bolsillo

Forro

Forro del delantero

Forro de la espalda

PRETINA

Refuerzo de la pretina

Asa de corchete

Interior

Delantero izquierdo del pantalón

Trasero izquierdo del pantalón

Botón de la bragueta

Cartera de botones

Entretela

BOLSILLO CORTADO

Vista del bolsillo

Vivo del bolsillo

Vista del bolsillo

Forro

TRAJE DE DOS PIEZAS

Solapa

Falso de la solapa

Bolsillo de americana

Plastón

Guata

Entretela

Pasamanes

Delantero

Vivo del bolsillo

Botón

Cartera y forro del bolsillo

Trabilla interior

Cartera de ojales

BOLSILLO DE AMERICANA

Vista del bolsillo

Refuerzo

Vista del bolsillo

Ojal de torzal

MANGA IZQUIERDA

Entretela del hombro

Botón de la chaqueta

Hombrera

Forro

Sobre manga

Forro del puño

Bocamanga

Forro

Falso del puño

Botón del puño

Agremán

Teléfono

EL TELÉFONO NOS PERMITE HABLAR con personas que se encuentran lejos. Su funcionamiento se basa en la transformación de las ondas sonoras de la voz en señales eléctricas que viajan muy rápidamente por cable hasta llegar a otro teléfono. Cada aparato tiene su propio número, y para enviar una señal hay que marcar el número deseado en un disco selector o apretar los botones de un teclado numérico. Cuando un teléfono recibe una señal, se activa el timbre, que es el que nos indica que hay una llamada a la espera de respuesta. Para conversar, hay que hablar por el micrófono. Las ondas sonoras de la voz hacen vibrar un fino disco metálico que está dentro del micrófono y que sirve para modular la señal eléctrica. Cuando la señal llega al teléfono de la otra persona, viaja por cable hasta un electroimán que se encuentra en el auricular. Dicho electroimán mueve un diafragma que a su vez fuerza la vibración del aire que lo rodea, de modo que suene igual que la voz de quien está llamando.

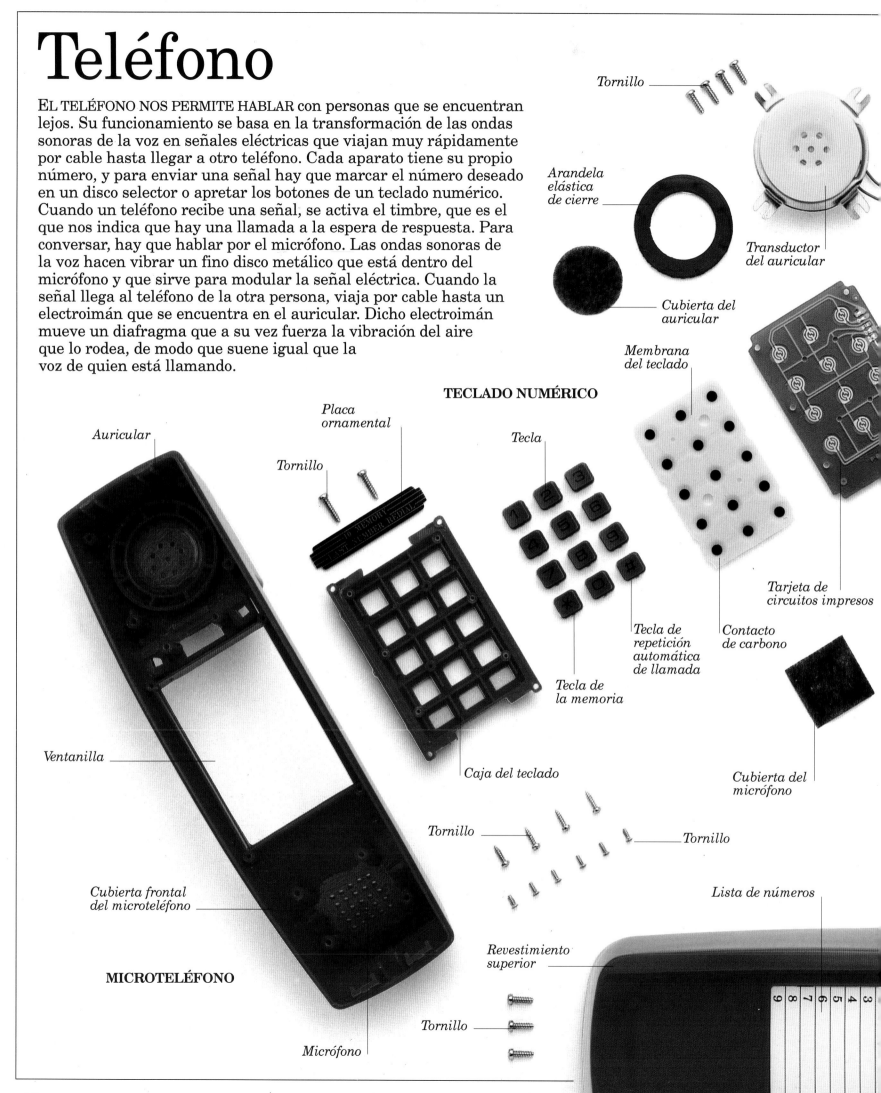

Tornillo

Arandela elástica de cierre

Transductor del auricular

Cubierta del auricular

Membrana del teclado

TECLADO NUMÉRICO

Placa ornamental

Auricular

Tornillo

Tecla

Tarjeta de circuitos impresos

Tecla de repetición automática de llamada

Contacto de carbono

Tecla de la memoria

Ventanilla

Caja del teclado

Cubierta del micrófono

Cubierta frontal del microteléfono

Tornillo

Tornillo

Lista de números

Revestimiento superior

MICROTELÉFONO

Tornillo

Micrófono

10

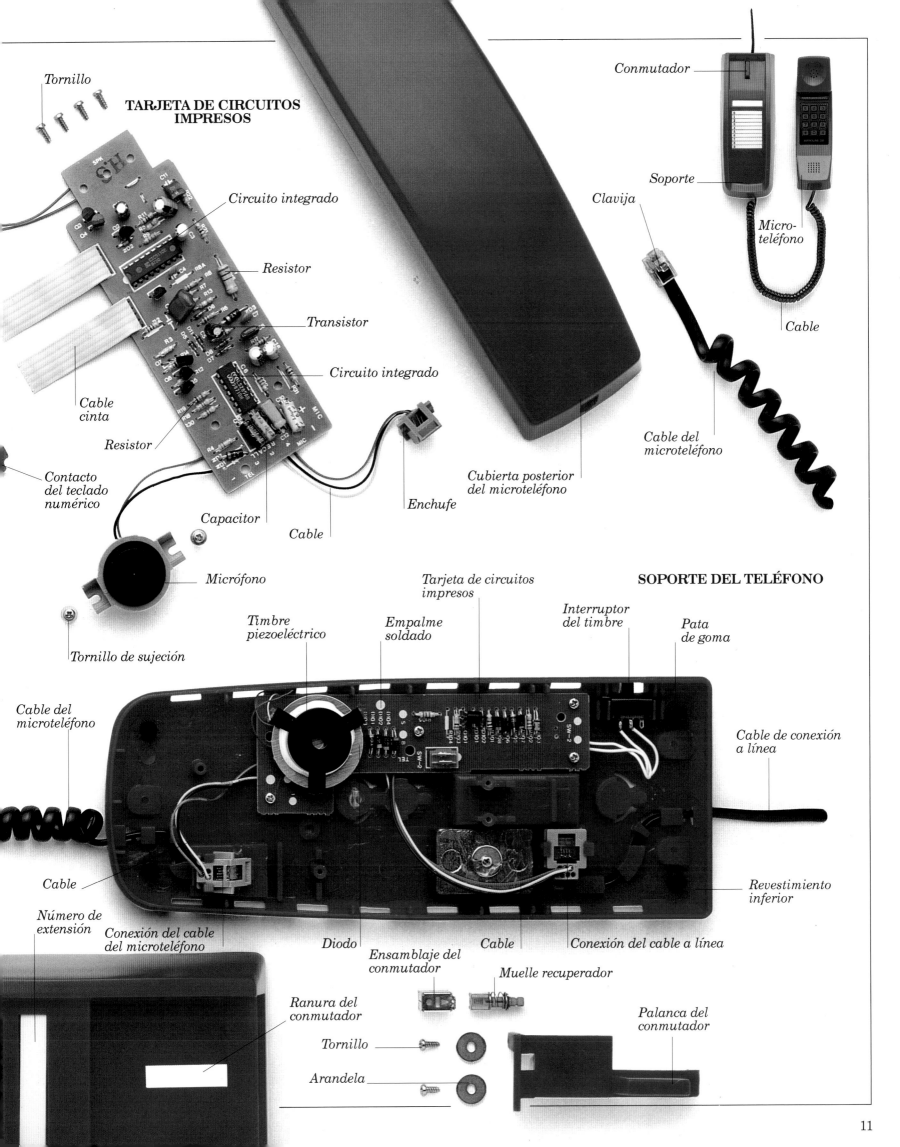

Tornillo

TARJETA DE CIRCUITOS IMPRESOS

Circuito integrado

Resistor

Transistor

Circuito integrado

Cable cinta

Resistor

Contacto del teclado numérico

Capacitor

Cable

Enchufe

Micrófono

Tornillo de sujeción

Conmutador

Soporte

Clavija

Micro-teléfono

Cable

Cable del microteléfono

Cubierta posterior del microteléfono

SOPORTE DEL TELÉFONO

Tarjeta de circuitos impresos

Timbre piezoeléctrico

Empalme soldado

Interruptor del timbre

Pata de goma

Cable del microteléfono

Cable de conexión a línea

Cable

Revestimiento inferior

Número de extensión

Conexión del cable del microteléfono

Diodo

Ensamblaje del conmutador

Muelle recuperador

Cable

Conexión del cable a línea

Ranura del conmutador

Tornillo

Arandela

Palanca del conmutador

11

Lápices, plumas y bolígrafos

LOS LÁPICES, PLUMAS Y BOLÍGRAFOS SE USAN para escribir y dibujar. Los lápices tienen la ventaja de que es sencillo borrar los errores cometidos con ellos. El componente fundamental del lápiz es el grafito, que es una variedad del carbono. El grafito se mezcla con arcilla y se quema en un horno. Cuanta más arcilla tenga el lápiz, más pálido será el trazo con que dibuja. En los lápices más sencillos, la mina va encerrada en un bastoncillo de madera al que hay que ir sacándole la punta. Los lápices estilográficos llevan una funda de metal o de plástico. Al apretar el tubo de presión o girar su extremo, aparece la mina. Las plumas estilográficas cuentan con un depósito de tinta y una plumilla por la que fluye la tinta del depósito al papel. Al utilizar una pluma estilográfica, la anchura de la plumilla, la presión que se ejerza y la densidad de la tinta son los factores que determinan el grosor de la línea con que dibujamos. Los bolígrafos son menos versátiles, pero se suelen preferir porque son más sencillos de manejar. Cuando se escribe o dibuja con un bolígrafo, la bola que está en la punta gira permitiendo que fluya una pequeña cantidad de densa tinta.

CLASES DE LÁPICES, PLUMAS Y BOLÍGRAFOS

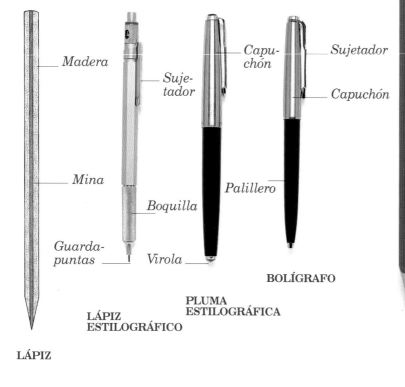

Madera

Mina

Guarda-puntas

LÁPIZ

Suje-tador

Boquilla

Virola

LÁPIZ ESTILOGRÁFICO

Capu-chón

Palillero

PLUMA ESTILOGRÁFICA

Sujetador

Capuchón

BOLÍGRAFO

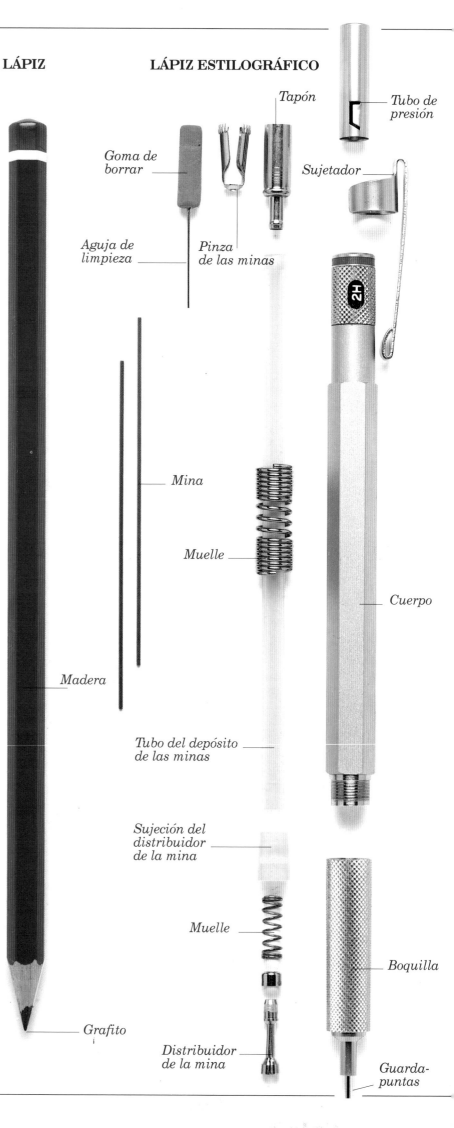

LÁPIZ

LÁPIZ ESTILOGRÁFICO

Goma de borrar

Aguja de limpieza

Tapón

Pinza de las minas

Tubo de presión

Sujetador

Mina

Muelle

Cuerpo

Madera

Tubo del depósito de las minas

Sujeción del distribuidor de la mina

Muelle

Boquilla

Grafito

Distribuidor de la mina

Guarda-puntas

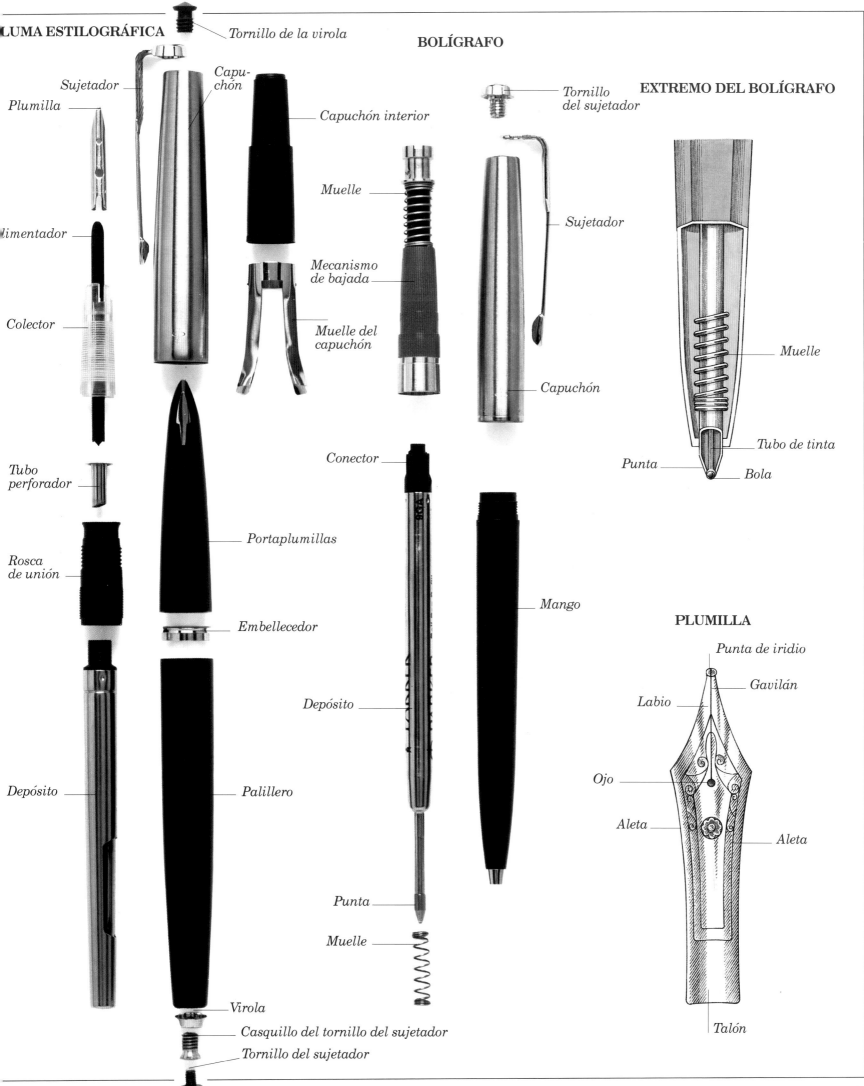

LUMA ESTILOGRÁFICA

Tornillo de la virola

BOLÍGRAFO

Sujetador

Capuchón

Capuchón interior

Plumilla

EXTREMO DEL BOLÍGRAFO

Tornillo del sujetador

Muelle

Alimentador

Mecanismo de bajada

Sujetador

Colector

Muelle del capuchón

Capuchón

Muelle

Tubo perforador

Conector

Portaplumillas

Tubo de tinta

Punta

Bola

Rosca de unión

Embellecedor

Mango

PLUMILLA

Depósito

Punta de iridio

Gavilán

Depósito

Palillero

Labio

Ojo

Punta

Aleta

Aleta

Muelle

Virola

Casquillo del tornillo del sujetador

Tornillo del sujetador

Talón

13

Magnetófono de bolsillo

UN "WALKMAN" O MAGNETÓFONO DE BOLSILLO es un pequeño aparato que funciona con pilas y reproduce el sonido grabado previamente en una cinta magnética. Para ello hay que introducir una casete que lleva la cinta enrollada en dos carretes y encajarlos en sus dos ejes de arrastre. Al apretar el botón de lectura ponemos en marcha un rodillo presor y un cabrestante, que giran arrastrando la cinta por la cabeza lectora, mientras los carretes van suministrando y recogiendo la cinta a medida que avanza. En la cinta se ha grabado previamente una pista magnética con sus modulaciones. Cuando la cabeza lectora entra en contacto con la cinta, las modulaciones magnéticas inducen en ella una débil corriente eléctrica. Esta corriente, que será más o menos fuerte en función de las modulaciones de la pista magnética, se dirige luego a los auriculares pasando previamente por un amplificador. En cada uno de los auriculares, la corriente se convierte en un campo magnético que hace vibrar a un pequeño cono y son estas vibraciones las que producen las ondas sonoras. El sonido estéreo se consigue grabando dos pistas magnéticas en la misma cinta, una para cada oído.

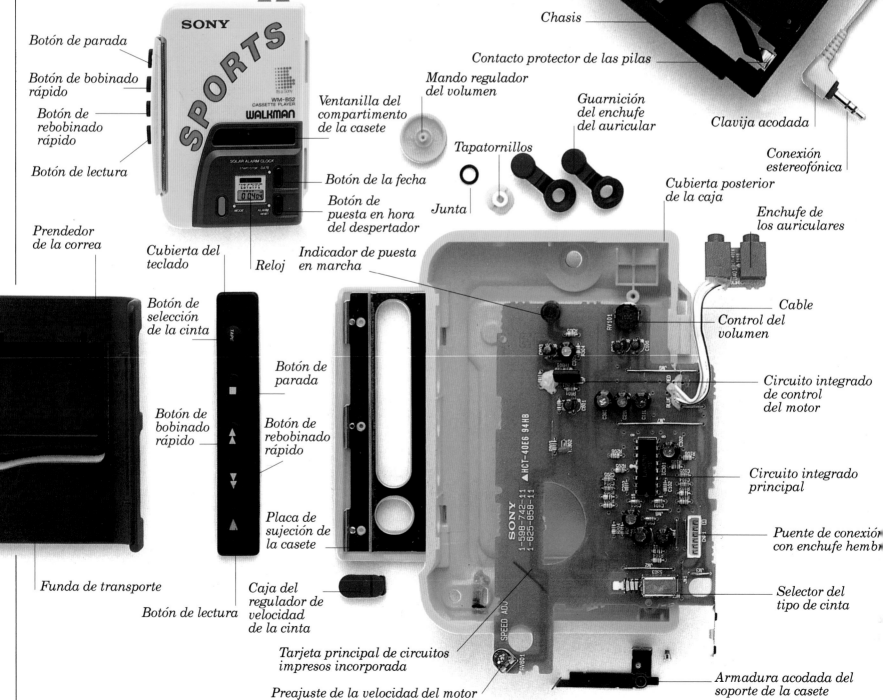

Muelle

Chasis

Contacto protector de las pilas

Botón de parada

Botón de bobinado rápido

Botón de rebobinado rápido

Botón de lectura

Prendedor de la correa

Funda de transporte

Cubierta del teclado

Botón de selección de la cinta

Botón de bobinado rápido

Botón de lectura

Caja del regulador de velocidad de la cinta

Botón de parada

Botón de rebobinado rápido

Placa de sujeción de la casete

Ventanilla del compartimento de la casete

Botón de la fecha

Botón de puesta en hora del despertador

Reloj

Indicador de puesta en marcha

Mando regulador del volumen

Tapatornillos

Junta

Guarnición del enchufe del auricular

Clavija acodada

Conexión estereofónica

Cubierta posterior de la caja

Enchufe de los auriculares

Cable

Control del volumen

Circuito integrado de control del motor

Circuito integrado principal

Puente de conexión con enchufe hembr

Selector del tipo de cinta

Tarjeta principal de circuitos impresos incorporada

Preajuste de la velocidad del motor

Armadura acodada del soporte de la casete

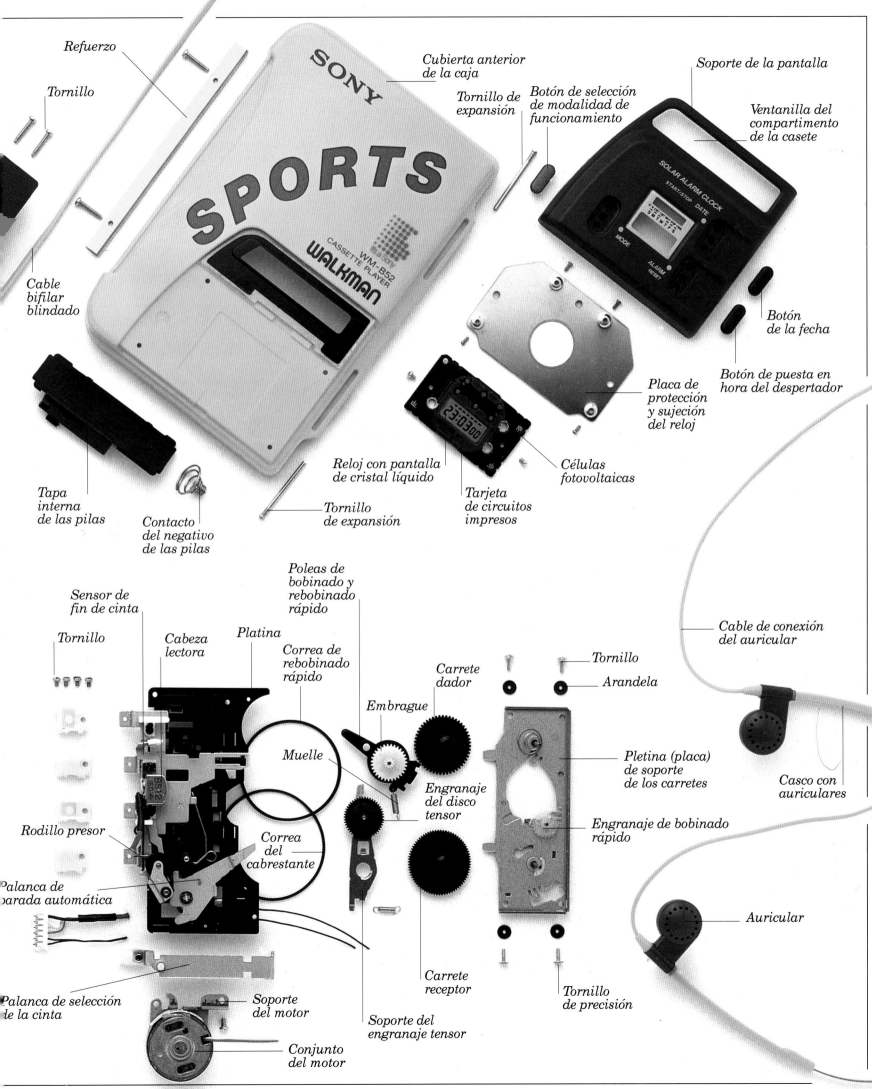

Refuerzo

Tornillo

Cable bifilar blindado

Tapa interna de las pilas

Contacto del negativo de las pilas

SONY

SPORTS

WM-B52
CASSETTE PLAYER
WALKMAN

Cubierta anterior de la caja

Tornillo de expansión

Botón de selección de modalidad de funcionamiento

Soporte de la pantalla

Ventanilla del compartimento de la casete

SOLAR ALARM CLOCK

MODE

ALARM
RESET

Botón de la fecha

Botón de puesta en hora del despertador

Placa de protección y sujeción del reloj

Reloj con pantalla de cristal líquido

Tarjeta de circuitos impresos

Células fotovoltaicas

Tornillo de expansión

Sensor de fin de cinta

Tornillo

Cabeza lectora

Platina

Poleas de bobinado y rebobinado rápido

Correa de rebobinado rápido

Muelle

Embrague

Carrete dador

Tornillo

Arandela

Cable de conexión del auricular

Rodillo presor

Correa del cabrestante

Engranaje del disco tensor

Pletina (placa) de soporte de los carretes

Engranaje de bobinado rápido

Casco con auriculares

Palanca de parada automática

Palanca de selección de la cinta

Soporte del motor

Carrete receptor

Soporte del engranaje tensor

Tornillo de precisión

Auricular

Conjunto del motor

Pilas y baterías

LAS FUENTES DE ELECTRICIDAD cuya gran ventaja es
que son portátiles suelen recibir el nombre de pilas o
baterías. Las baterías, como las de coche, contienen
en la misma caja varios elementos o pares voltaicos
capaces de generar electricidad y tienen la enorme
virtud de poderse recargar numerosísimas veces. Las
pilas, por el contrario, contienen un único elemento
generador de electricidad. La mayoría de las pilas,
incluidas las alcalinas y gran parte de las de mercurio
con su formato de botón, han de ser sustituidas cuando
los productos químicos que llevan en su interior dejan
de producir electricidad. Hay, sin embargo, otras
pilas como las de níquel-cadmio que sí se pueden
recargar y utilizar una y otra vez.

*Estuche
de acero*

*Estuche de
acero exterior*

*Cátodo de bióxido de
manganeso y grafito*

SU FUNCIONAMIENTO

Tanto las pilas como las baterías basan su
funcionamiento en la presencia de dos
electrodos que se bañan en un polvo o
líquido químico que recibe el nombre
de electrolito. Estos electrodos generan
corriente transformando la energía
química en eléctrica. La corriente
fluye del ánodo (electrodo negativo)
al cátodo (electrodo positivo). En
algunas pilas, el electrolito está
disuelto en la masa del ánodo
y del cátodo.

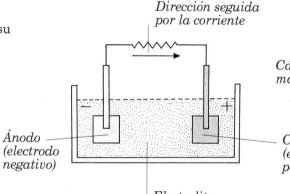

*Dirección seguida
por la corriente*

*Ánodo
(electrodo
negativo)*

*Cátodo
(electrodo
positivo)*

Electrolito

BATERÍA DE PLOMO DE AUTOMÓVIL

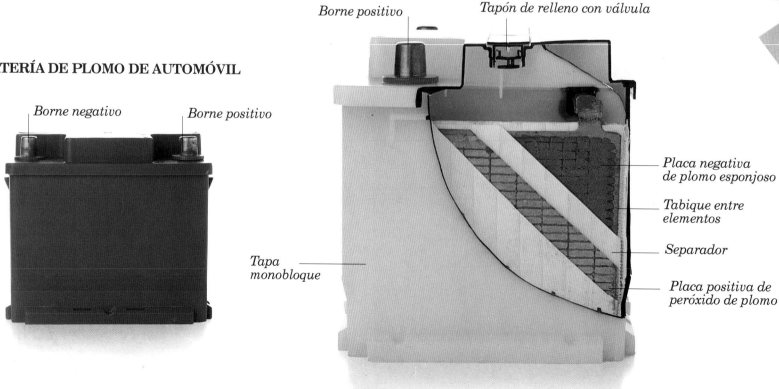

Borne negativo

Borne positivo

Borne positivo

Tapón de relleno con válvula

*Placa negativa
de plomo esponjoso*

*Tabique entre
elementos*

Separador

*Placa positiva de
peróxido de plomo*

*Tapa
monobloque*

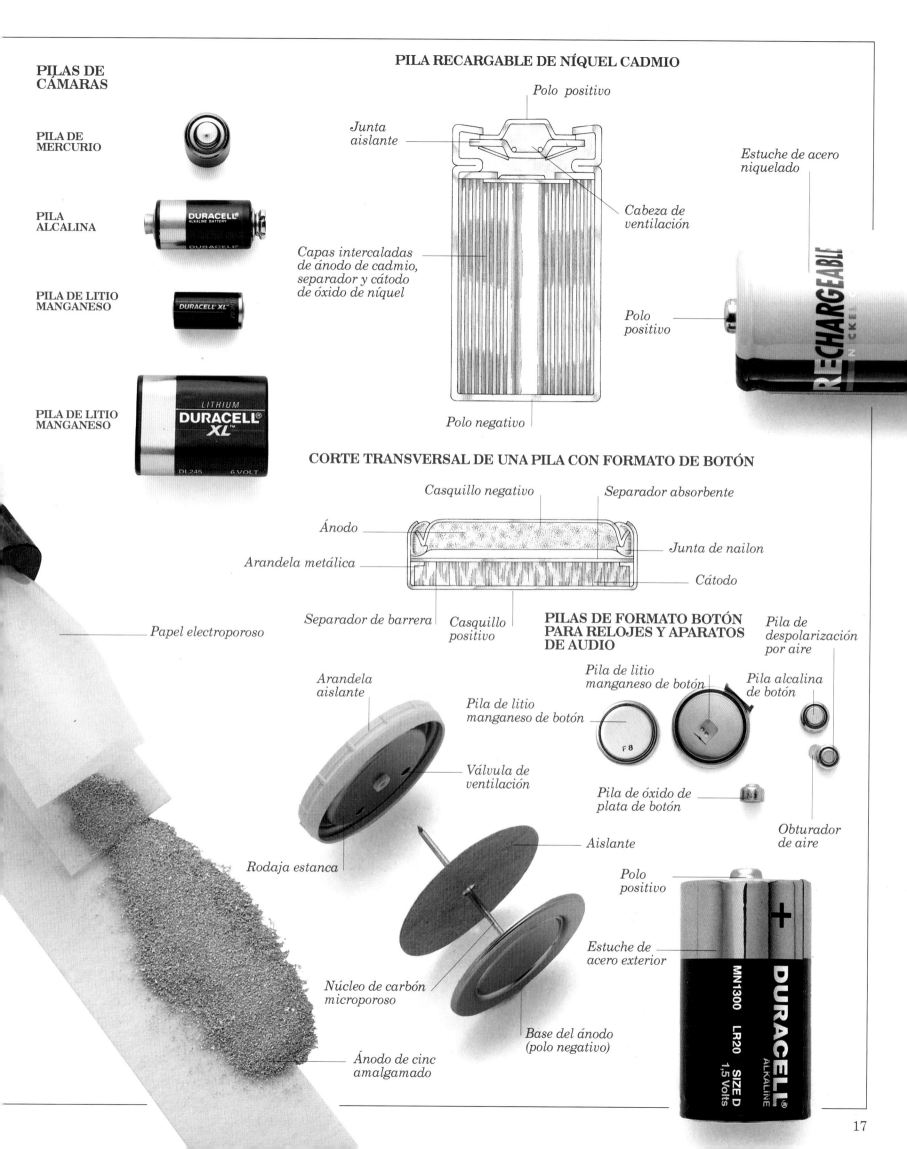

PILAS DE CÁMARAS

PILA DE MERCURIO

PILA ALCALINA

PILA DE LITIO MANGANESO

PILA DE LITIO MANGANESO

PILA RECARGABLE DE NÍQUEL CADMIO

Polo positivo

Junta aislante

Cabeza de ventilación

Estuche de acero niquelado

Capas intercaladas de ánodo de cadmio, separador y cátodo de óxido de níquel

Polo positivo

Polo negativo

CORTE TRANSVERSAL DE UNA PILA CON FORMATO DE BOTÓN

Casquillo negativo

Separador absorbente

Ánodo

Junta de nailon

Arandela metálica

Cátodo

Separador de barrera

Casquillo positivo

PILAS DE FORMATO BOTÓN PARA RELOJES Y APARATOS DE AUDIO

Pila de despolarización por aire

Papel electroporoso

Arandela aislante

Pila de litio manganeso de botón

Pila de litio manganeso de botón

Pila alcalina de botón

Válvula de ventilación

Pila de óxido de plata de botón

Obturador de aire

Aislante

Rodaja estanca

Polo positivo

Estuche de acero exterior

Núcleo de carbón microporoso

Base del ánodo (polo negativo)

Ánodo de cinc amalgamado

DURACELL

MN1300 LR20 SIZE D 1.5 Volts

Caña de pescar

MANGO

Anilla de salida

HAY MUCHOS PESCADORES DE CAÑA que usan tal cantidad de aparejos que confundirían a cualquiera, pero los elementos fundamentales para poder pescar son una caña, un carrete, sedal y el cebo. El pescador utiliza la caña, el carrete y el sedal para poder lanzar el cebo al agua. El carrete sirve para controlar el sedal cuando va saliendo de su tambor y cuando se cobra de regreso. Hay carretes que cuentan con un sistema de engranajes que ayuda a sacar el pez del agua cuando éste se resiste. Al sedal se le puede agregar un peso, que recibe el nombre de plomo, para que se hunda hasta la profundidad deseada. Los emerillones o grilletes giratorios se agregan para evitar que el sedal se enrede al girar. El cebo, ya sea artificial o vivo, debe engañar a los peces para que intenten atacarlo o comérselo. Las moscas artificiales suelen imitar el aspecto, el movimiento y a veces hasta el olor de la presa con que se alimentan algunos peces.
Cuando pica el pez, el anzuelo debe clavársele en la boca y permanecer en ella mientras se cobra.

Vástago del freno

Empuñadura

Disco del freno

Arandela del freno

Arandela elástica

Anillo de sujeción de engranajes

Engranaje multiplicador

Tornillo de sujeción

Pasador de retención

Tapa del trinquete de retenida

Trinquete de retenida

Muelle de retenida

CARRETES

Pulsador de liberación de la bobina

Pie del carrete

Tuerca del bastidor

Mecanismo de trinquete

Freno mecánico

Placa lateral del bastidor

Freno centrífugo

Manivela

Freno de estrella

Tambor

Guía hilos

CARRETE MULTIPLICADOR DE TAMBOR GIRATORIO

ANZUELOS, EMERILLONES Y PLOMOS

Anilla

Caña

Abertura

ESTRUCTURA DEL ANZUELO

Semicírculo

Mordiente

Agalla

Lengüeta

Sedal

Tambor para bobina interior

Pie del carrete

Manivela

Regulador del freno

Trinquete antirretorno

ANZUELO TRIPLE

ANZUELO RECTO

ANZUELO DE PICO DE LORO

Empuñadura

Carrete

Picú

CARRETE DE TAMBOR FIJO

EJEMPLOS DE EMERILLONES DE BARRIL

PLOMO DE BOLA CORREDIZO

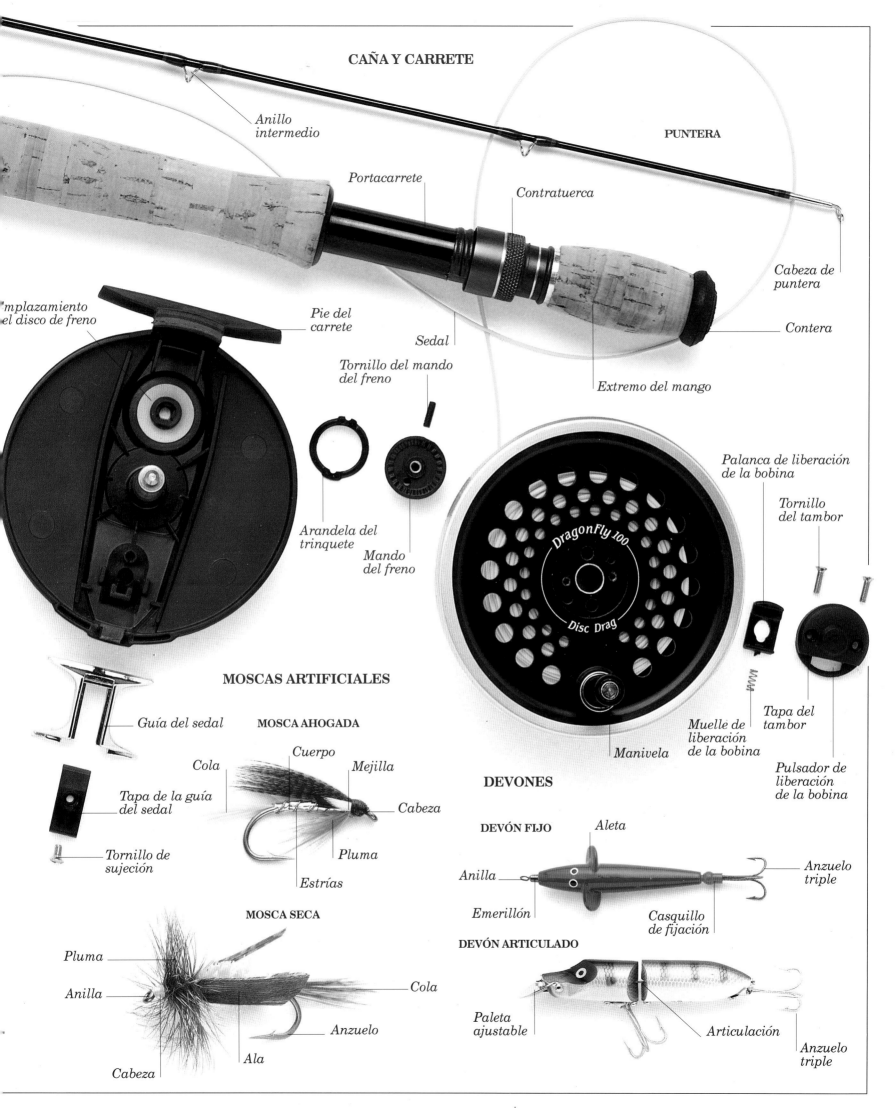

CAÑA Y CARRETE

Anillo intermedio

PUNTERA

Portacarrete

Contratuerca

Cabeza de puntera

Emplazamiento del disco de freno

Pie del carrete

Contera

Sedal

Tornillo del mando del freno

Extremo del mango

Palanca de liberación de la bobina

Tornillo del tambor

Arandela del trinquete

Mando del freno

DragonFly 100

Disc Drag

Guía del sedal

MOSCAS ARTIFICIALES

MOSCA AHOGADA

Tapa de la guía del sedal

Cola

Cuerpo

Mejilla

Tapa del tambor

Muelle de liberación de la bobina

Manivela

Cabeza

Tornillo de sujeción

Pluma

Estrías

Pulsador de liberación de la bobina

DEVONES

DEVÓN FIJO

Aleta

Anilla

Anzuelo triple

MOSCA SECA

Emerillón

Casquillo de fijación

Pluma

Anilla

Cola

DEVÓN ARTICULADO

Anzuelo

Paleta ajustable

Articulación

Ala

Cabeza

Anzuelo triple

Taladradoras

EL MOTOR ELÉCTRICO DE UNA TALADRADORA PORTÁTIL hace girar un eje a alta velocidad y se refrigera gracias a un ventilador. El eje va conectado a un sistema de engranajes que hace girar un mandril a una velocidad aún superior. El mandril sirve para sujetar una broca afilada que es la que abre el agujero al mismo tiempo que sus ranuras en forma de rosca van expulsando las virutas o desechos del agujero. Para poder perforar materiales duros hay muchas taladradoras que llevan un mecanismo de percusión. Cuando este mecanismo se acciona, un trinquete que hay en la caja de engranajes hace que el mandril y la broca lancen sacudidas hacia dentro y hacia fuera al tiempo que taladran. El taladro de mano es más lento y menos potente que la taladradora eléctrica, pero más fácil de controlar. Para hacer agujeros anchos, los carpinteros suelen preferir el berbiquí, que actúa como una palanca. Así, la empuñadura curvada del berbiquí recorre una distancia mayor que la broca, haciéndola girar con fuerza suplementaria.

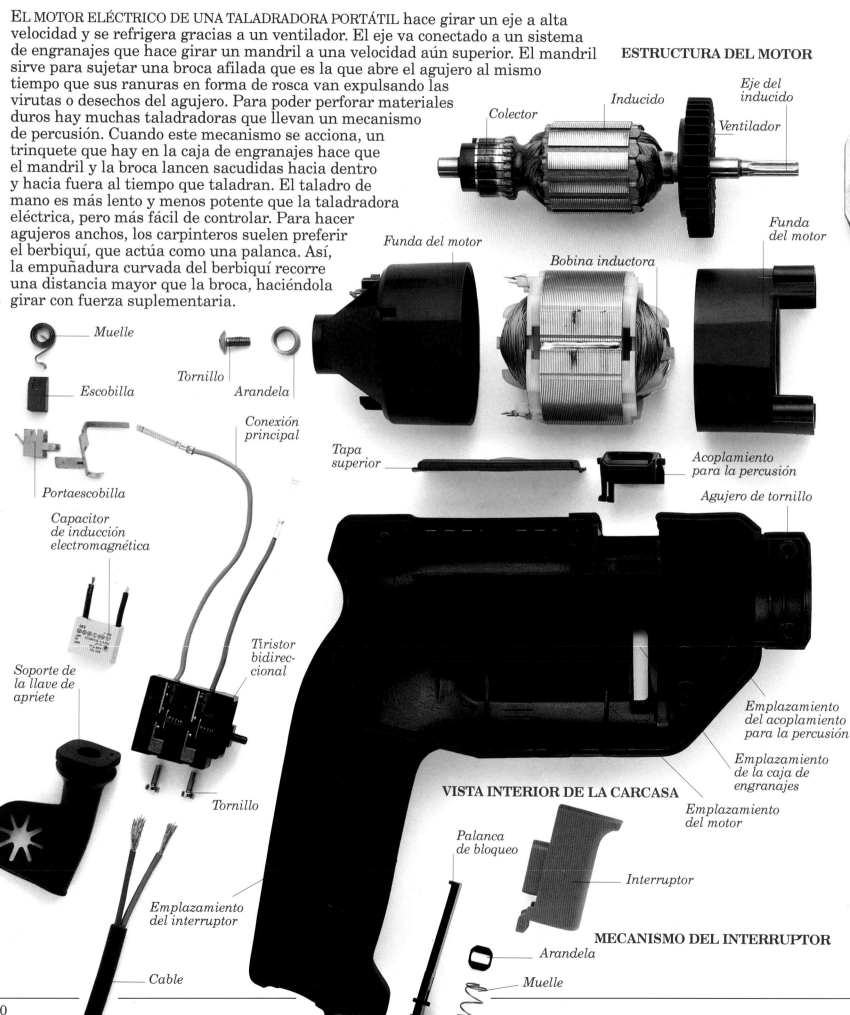

ESTRUCTURA DEL MOTOR

Colector

Inducido

Eje del inducido

Ventilador

Funda del motor

Bobina inductora

Funda del motor

Muelle

Escobilla

Tornillo

Arandela

Conexión principal

Tapa superior

Acoplamiento para la percusión

Agujero de tornillo

Portaescobilla

Capacitor de inducción electromagnética

Tiristor bidireccional

Soporte de la llave de apriete

Emplazamiento del acoplamiento para la percusión

Emplazamiento de la caja de engranajes

VISTA INTERIOR DE LA CARCASA

Emplazamiento del motor

Tornillo

Palanca de bloqueo

Interruptor

Emplazamiento del interruptor

MECANISMO DEL INTERRUPTOR

Arandela

Cable

Muelle

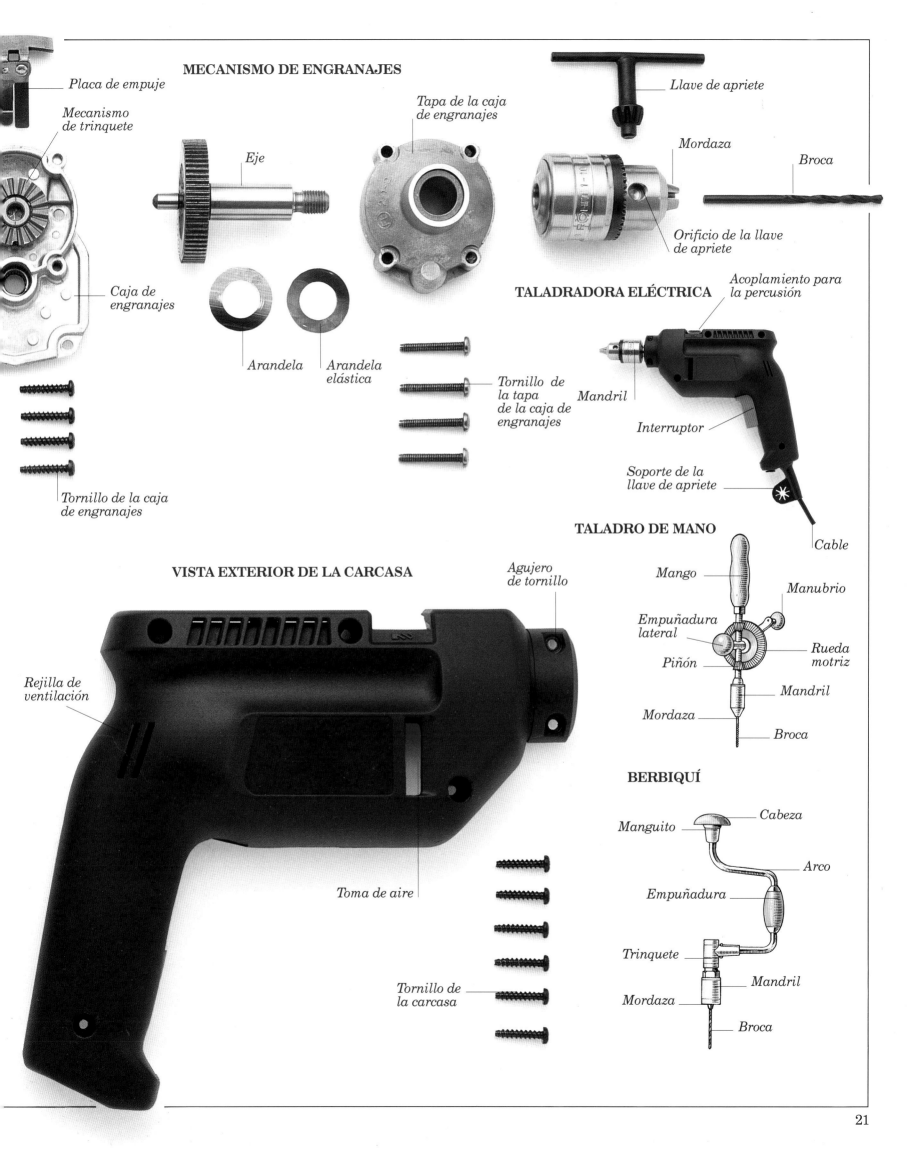

MECANISMO DE ENGRANAJES

Placa de empuje

Mecanismo de trinquete

Eje

Tapa de la caja de engranajes

Llave de apriete

Mordaza

Broca

Caja de engranajes

Orificio de la llave de apriete

Arandela

Arandela elástica

Tornillo de la tapa de la caja de engranajes

TALADRADORA ELÉCTRICA

Acoplamiento para la percusión

Mandril

Interruptor

Soporte de la llave de apriete

Tornillo de la caja de engranajes

Cable

TALADRO DE MANO

Mango

Manubrio

Empuñadura lateral

Rueda motriz

Piñón

Mandril

Mordaza

Broca

VISTA EXTERIOR DE LA CARCASA

Agujero de tornillo

Rejilla de ventilación

Toma de aire

Tornillo de la carcasa

BERBIQUÍ

Manguito

Cabeza

Arco

Empuñadura

Trinquete

Mandril

Mordaza

Broca

Zapatos

LOS ZAPATOS BIEN HECHOS protegen los pies y son además cómodos y duraderos. Los mejores zapateros utilizan un molde de madera o de plástico llamado horma que imita la forma del pie del cliente. Los diversos cortes que componen el zapato van cosidos y pegados juntos alrededor de dicha horma; los remaches y los clavos se usan sólo en el tacón, que se hace con capas superpuestas de cuero y de goma. El cambrillón de acero sirve de apoyo al arco del pie y, junto con el revirón, le ayuda al que lo lleva a mantener la postura. Las diversas capas de la suela sirven de refuerzo, mientras que la suavidad de la plantilla le ofrece un cómodo apoyo al pie. Finalmente, la vira de cuero que se cose entre la parte superior y la suela garantiza una unión sólida.

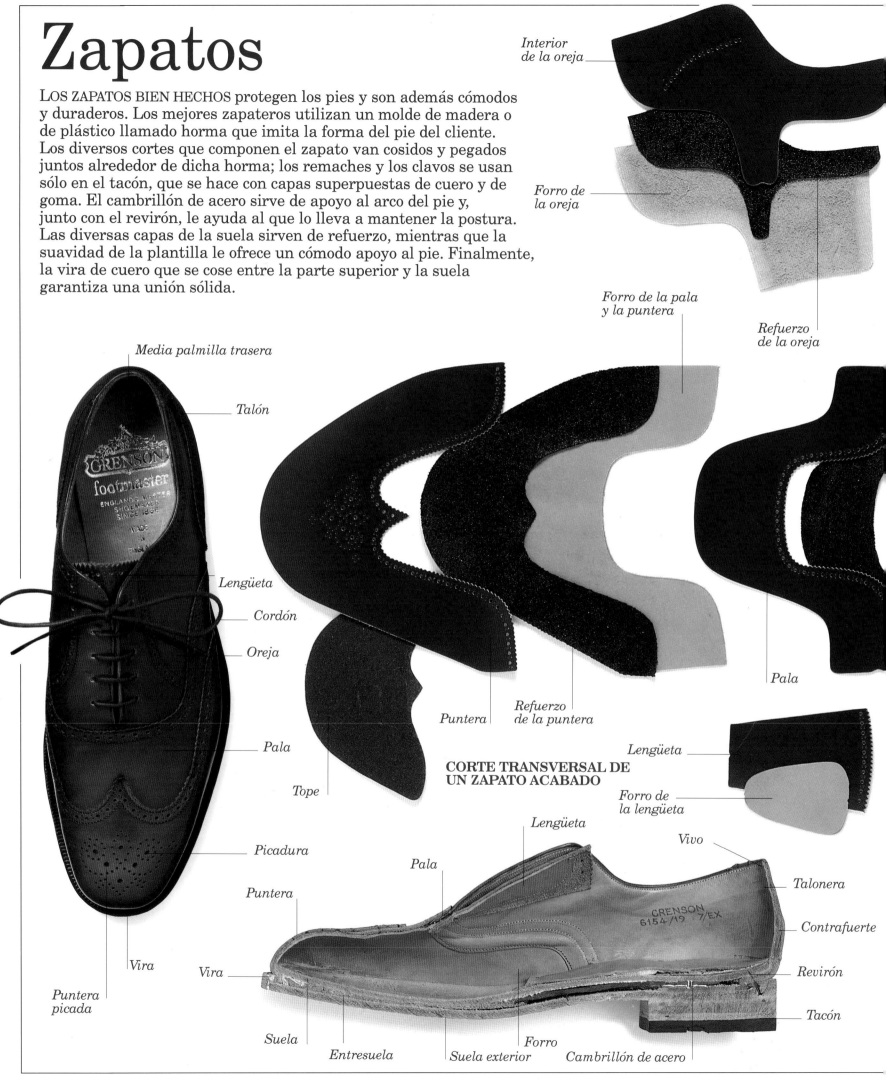

Interior de la oreja

Forro de la oreja

Forro de la pala y la puntera

Refuerzo de la oreja

Media palmilla trasera

Talón

Lengüeta

Cordón

Oreja

Pala

Picadura

Vira

Puntera picada

Puntera

Tope

Refuerzo de la puntera

Pala

CORTE TRANSVERSAL DE UN ZAPATO ACABADO

Lengüeta

Forro de la lengüeta

Vivo

Talonera

Contrafuerte

Revirón

Tacón

Lengüeta

Pala

Puntera

Vira

Suela

Entresuela

Suela exterior

Forro

Cambrillón de acero

GRENSON 6154/19 7/EX

22

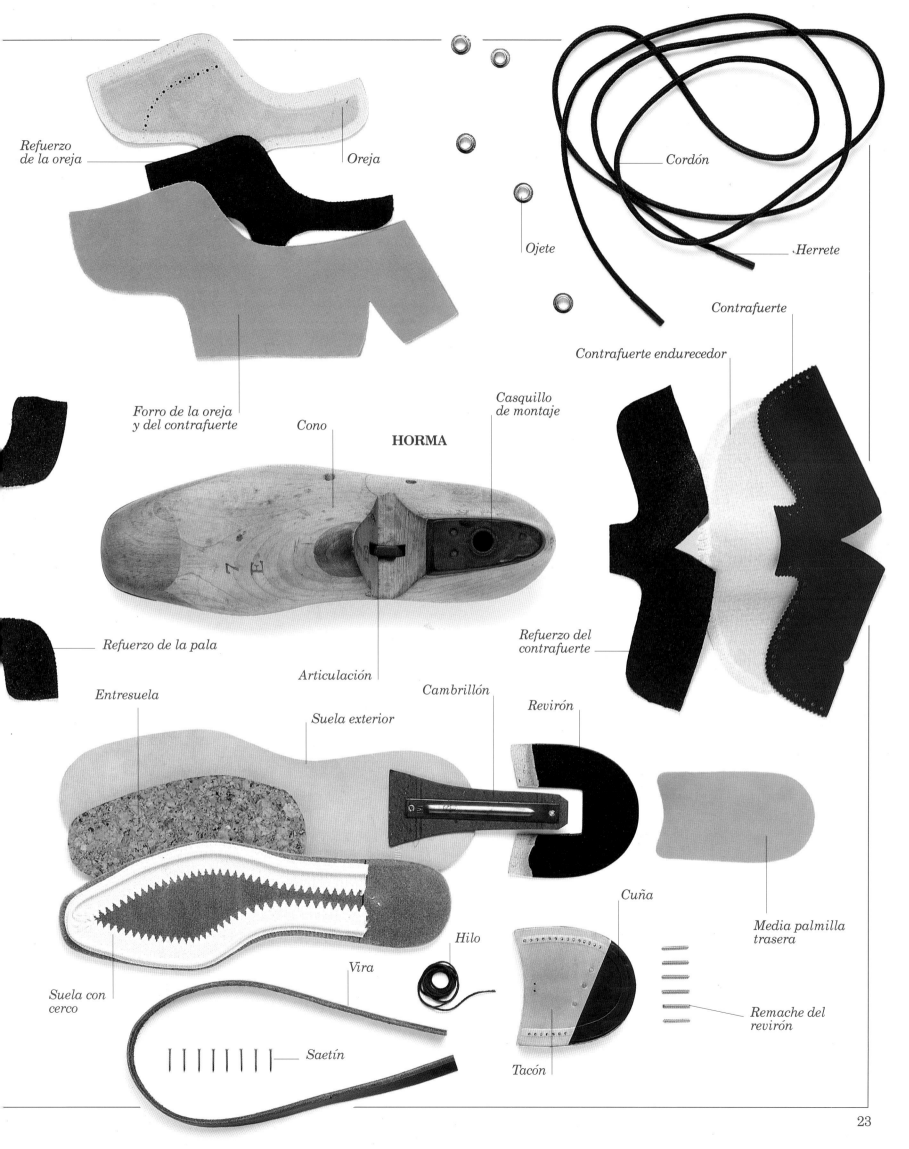

Refuerzo
de la oreja

Oreja

Cordón

Ojete

Herrete

Contrafuerte

Contrafuerte endurecedor

Forro de la oreja
y del contrafuerte

Cono

HORMA

Casquillo
de montaje

Refuerzo de la pala

Articulación

Refuerzo del
contrafuerte

Entresuela

Suela exterior

Cambrillón

Revirón

Media palmilla
trasera

Cuña

Suela con
cerco

Vira

Hilo

Remache del
revirón

Saetín

Tacón

Maquinillas de afeitar y navajas

TODAS LAS MAQUINILLAS DE AFEITAR Y LAS NAVAJAS afeitan cortando el pelo todo lo cerca de la piel que sea posible sin causar heridas. La navaja más sencilla es la navaja barbera, con su hoja abierta y extremadamente afilada. La navaja barbera tiene la ventaja de que se puede afilar cuando hace falta, pero la desventaja de que puede causar graves heridas. Fue por este peligro por lo que se inventó la maquinilla de seguridad. Su hoja desechable va protegida con un peine que evita cortes profundos en la piel. La maquinilla de afeitar eléctrica es aún más segura. La recargable que mostramos aquí cuenta en el cabezal afeitador con dos rejillas que sujetan los pelos al tiempo que las cuchillas giratorias los van cortando, mientras un eje motor montado sobre muelles garantiza que las cuchillas actúen pegadas a las rejillas. El cortapatillas, que va en un lateral de la maquinilla, tiene dos hojas dentadas, una de las cuales se desliza lateralmente sobre la otra.

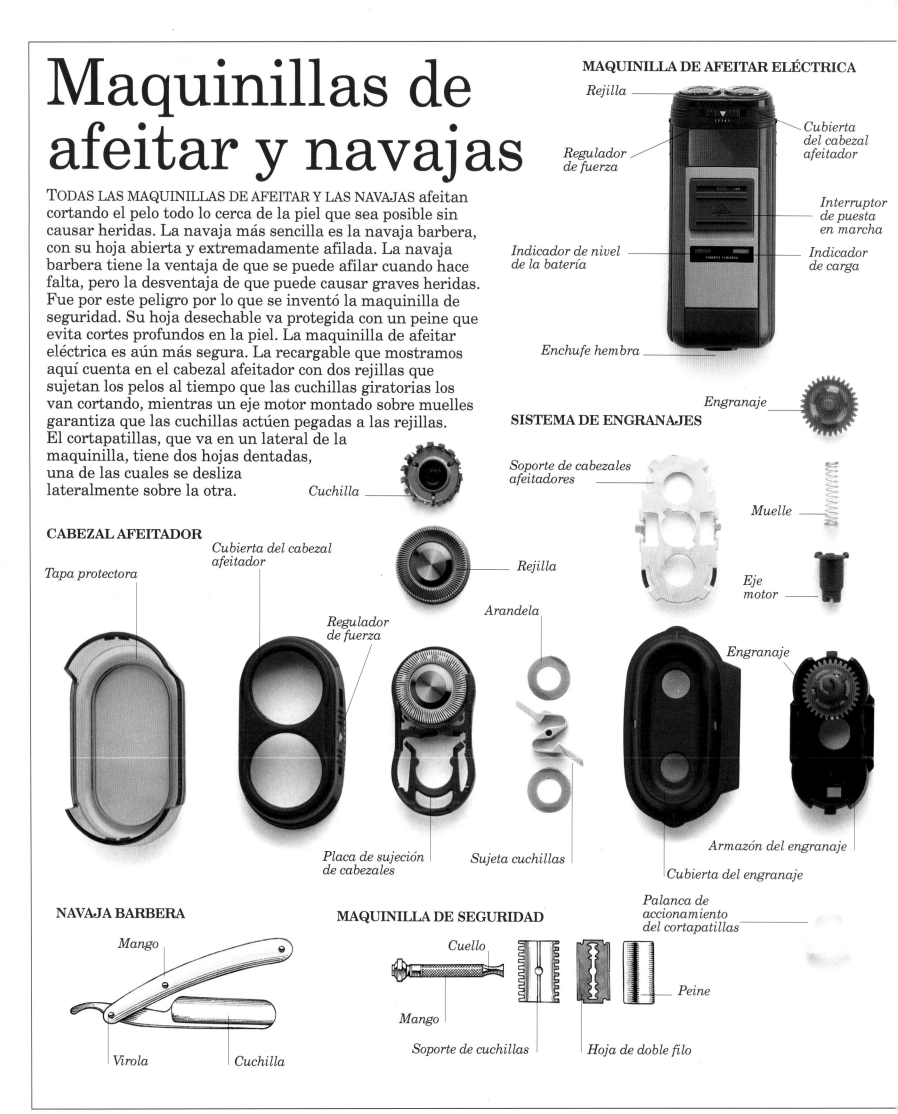

MAQUINILLA DE AFEITAR ELÉCTRICA

Rejilla

Cubierta del cabezal afeitador

Regulador de fuerza

Interruptor de puesta en marcha

Indicador de nivel de la batería

Indicador de carga

Enchufe hembra

Engranaje

SISTEMA DE ENGRANAJES

Soporte de cabezales afeitadores

Muelle

Rejilla

Eje motor

Arandela

Engranaje

Cuchilla

CABEZAL AFEITADOR

Cubierta del cabezal afeitador

Tapa protectora

Regulador de fuerza

Armazón del engranaje

Cubierta del engranaje

Placa de sujeción de cabezales

Sujeta cuchillas

Palanca de accionamiento del cortapatillas

NAVAJA BARBERA

Mango

MAQUINILLA DE SEGURIDAD

Cuello

Peine

Mango

Virola

Cuchilla

Soporte de cuchillas

Hoja de doble filo

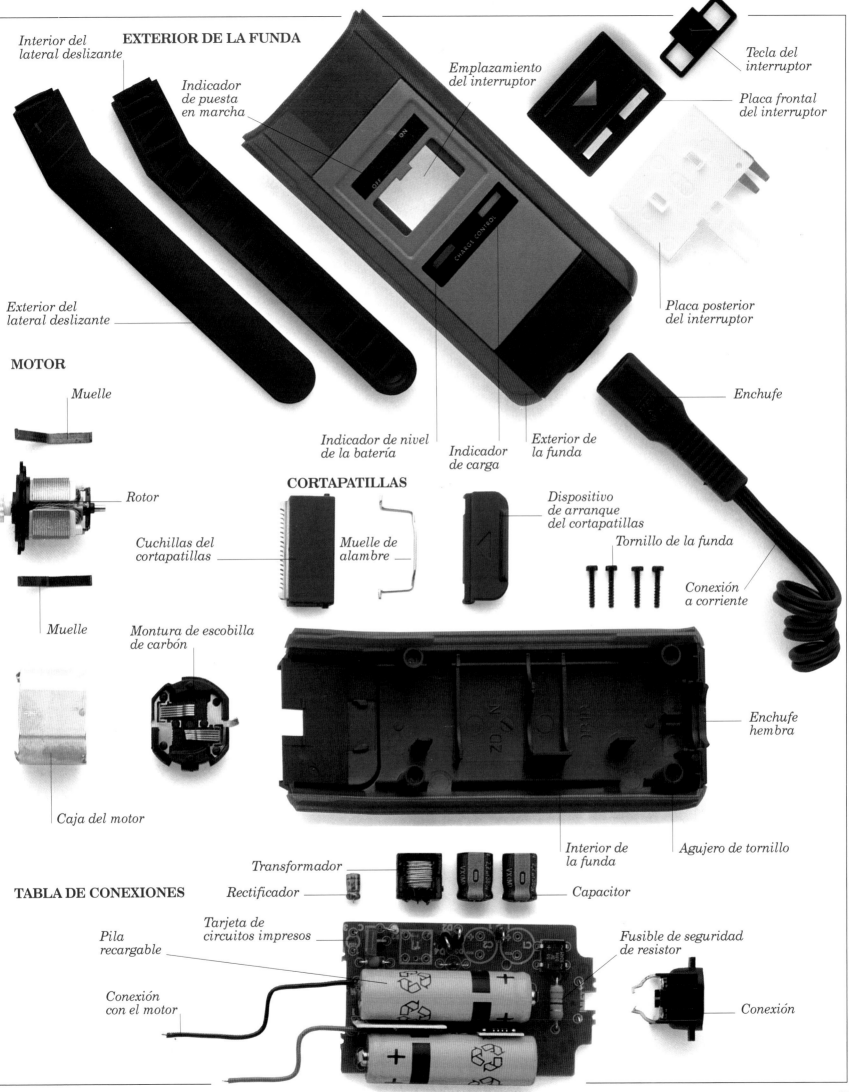

Interior del lateral deslizante

EXTERIOR DE LA FUNDA

Indicador de puesta en marcha

Emplazamiento del interruptor

Tecla del interruptor

Placa frontal del interruptor

Exterior del lateral deslizante

Placa posterior del interruptor

MOTOR

Muelle

Enchufe

Rotor

Indicador de nivel de la batería

Indicador de carga

Exterior de la funda

CORTAPATILLAS

Dispositivo de arranque del cortapatillas

Cuchillas del cortapatillas

Muelle de alambre

Tornillo de la funda

Muelle

Montura de escobilla de carbón

Conexión a corriente

Enchufe hembra

Caja del motor

Interior de la funda

Agujero de tornillo

Transformador

Rectificador

Capacitor

TABLA DE CONEXIONES

Pila recargable

Tarjeta de circuitos impresos

Fusible de seguridad de resistor

Conexión con el motor

Conexión

25

Libros

Aunque el proceso de encuadernación está habitualmente mecanizado en la actualidad, aún quedan libros que se encuadernan a mano. Las páginas de los libros van impresas sobre grandes hojas de papel que reciben el nombre de pliegos. Al doblarlos, los pliegos suelen sumar 8, 16 ó 32 páginas. Para montar un libro de tapas duras encuadernado a mano, la primera operación es la llamada de alzado, que consiste en colocar los pliegos ya doblados en el orden correcto dentro de las guardas. Luego sigue el cosido de los pliegos para que formen un bloque a lo largo del borde del lomo. Para ello se utiliza un cordel fuerte al que se le añade cola a modo de refuerzo. Tras recortar los cantos de los pliegos, el encuadernador introduce el libro en una prensa y golpea el lomo hasta redondearlo. Luego, hay que encolar uno o más forros al lomo. La tapa o pasta es lo último de todo. Para efectuar esta última operación es preciso pegar unos cartones para las tapas a las dos guardas, la del principio y la del final, para luego cubrirlos con tela o cuero.

ENCUADERNACIÓN A LA HOLANDESA O DE MEDIA PASTA

ENCUADERNACIÓN INGLES

Cantonera · Cajo · Tapa de cuero · Lomo · Corte delantero · Nervio · Lomo · Pie · Pie · Papel jaspeado · Registro · Estampación en oro

ENCUADERNACIÓN A LA HOLANDESA O DE MEDIA PASTA

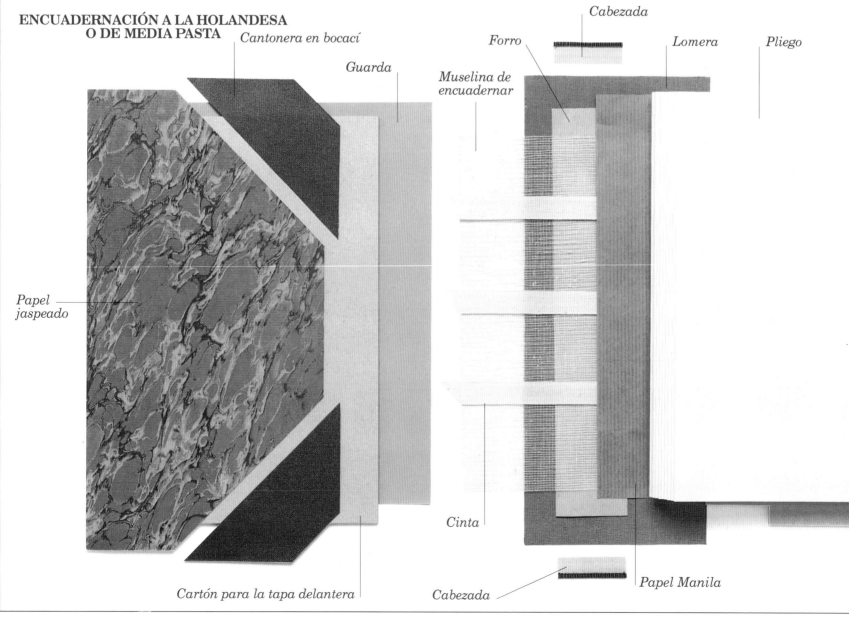

Cantonera en bocací · Guarda · Cabezada · Forro · Muselina de encuadernar · Lomera · Pliego · Papel jaspeado · Cinta · Cartón para la tapa delantera · Cabezada · Papel Manila

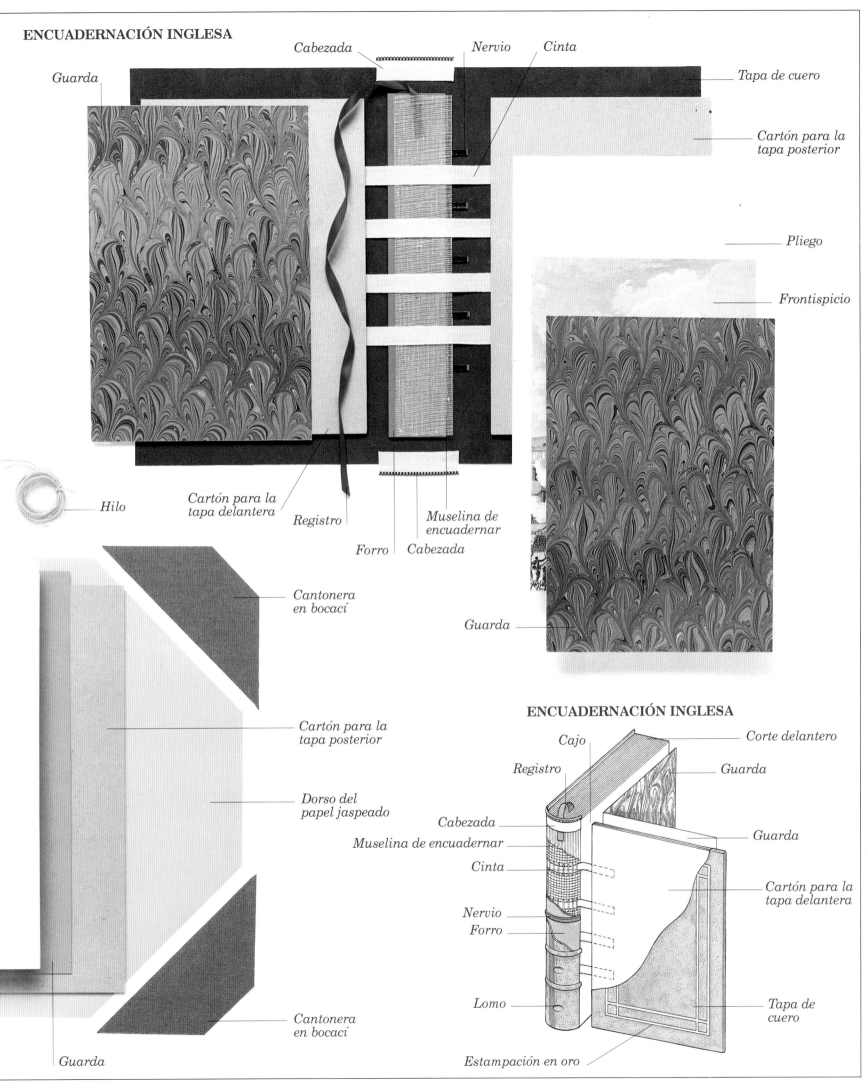

ENCUADERNACIÓN INGLESA

Cabezada

Nervio

Cinta

Guarda

Tapa de cuero

Cartón para la tapa posterior

Pliego

Frontispicio

Hilo

Cartón para la tapa delantera

Registro

Forro   Cabezada

Muselina de encuadernar

Guarda

Cantonera en bocací

Cartón para la tapa posterior

Dorso del papel jaspeado

Guarda

Cantonera en bocací

ENCUADERNACIÓN INGLESA

Cajo

Registro

Cabezada

Muselina de encuadernar

Cinta

Nervio

Forro

Lomo

Corte delantero

Guarda

Guarda

Cartón para la tapa delantera

Tapa de cuero

Estampación en oro

Cámara fotográfica

UNA CÁMARA FOTOGRÁFICA ES UN APARATO que registra imágenes sobre película. Consiste en una cámara oscura con un obturador, una lente provista de un diafragma y un sistema de visión. Cuando se acciona el obturador, la película queda expuesta a la luz procedente del sujeto que se pretende fotografiar. Al ajustar la velocidad del obturador, regulamos el tiempo de exposición de la película a la luz. El diafragma, que varía la apertura de la lente, controla la intensidad de la luz que penetra en la cámara. El total de luz que penetra en la cámara recibe el nombre de exposición. La lente sirve para enfocar la luz hacia la película. Cuando no hay suficiente luz para obtener una imagen adecuada, se puede utilizar un flash para conseguir más luz.

VISTA FRONTAL DE UNA CÁMARA

Anillo selector de la velocidad de obturación

Mando de rebobinado y apertura del respaldo de la cámara

Disparador

Ojal para la correa

Contador de exposiciones

Palanca de liberación del objetivo

Terminal del cable sincronizador para flash

ESTRUCTURA FRONTAL

Montura del objetivo

Lateral izquierdo del cuerpo

Lateral derecho del cuerpo

ESTRUCTURA DE LA BASE

Rosca para el trípode

Base

VISTA POSTERIOR DE UNA CÁMARA

Manivela de rebobinado

Ocular del visor

Palanca de liberación del objetivo

Tapa del cable sincronizador para flash

Carrete receptor

Mando de rebobinado y apertura del respaldo de la cámara

Rodillo presor

Respaldo de la cámara

Placa presora

Pila

Cubierta del portapilas

Receptáculo del chasis de película

Riel de arrastre de la película

Riel guía de la película

Cortinillas del obturador

Dientes de arrastre

ESTRUCTURA DEL OBJETIVO

Anillo de identificación

Anillo ornamental

Cubierta del objetivo

Anillo de retención de la lente frontal

Grupo de lentes frontales

Anillo de retención de la tapa trasera del objetivo

Tornillo de sujeción

Arandela

Tornillo de sujeción

Tornillo de sujeción

ESTRUCTURA DE LA CUBIERTA SUPERIOR

Muelle del selector del obturador

Escala de sensibilidades

Disco selector del obturador

Anillo de sensibilidades

Palanca de avance de la película

Emplazamiento del contador de exposiciones

Tornillo de sujeción

Contador de exposiciones

Muelle de montaje de la palanca de avance

Anillo de retención de la palanca de avance

Cubierta superior

Contactos de la zapata

Eje de rebobinado

Zapata de accesorios

Mando de rebobinado y apertura del respaldo de la cámara

Tapa del contador de exposiciones

Tornillo de sujeción

Arandela

Ventanilla

Retén del prisma

Dispa-rador

Indicador del selector de obturador

Collar del eje de rebobinado

Manivela de rebobinado

Muelle de sujeción del prisma

CUERPO

Ocular del visor

Ojal para la correa

Pentaprisma

Embellecedor

Tornillo de sujeción

VISTA SUPERIOR DE UNA CÁMARA

Anillo de enfoque

Escala de distancias (escala de distancia focal)

Referencia de aberturas y distancias

ft m ∞ 10 15 3 8 2 6 1.5 4
22 16 8 4 4 8 16 22
A 22 16 11 8 5.6 4 2.8 2

Punto de referencia de montaje del objetivo

Emplazamiento del pulsador de rebobinado

Botón de seguro auto de la abertura

Palanca de liberación del objetivo

Disparador

Indicador de carga

Contador de exposiciones

Tornillo de sujeción

Manivela de rebobinado

Mando de rebobinado y apertura del respaldo de la cámara

Zapata de accesorios

Contactos de la zapata

Indicador del selector de obturador

Escala de sensibilidades

Disco selector del obturador

Palanca de avance de la película

Anillo de retención de la base del diafragma

Base del diafragma

Laminilla del diafragma

Anillo de montaje

Cuerpo principal del objetivo

Grupo de lentes posteriores

Anillo regulador del diafragma

Osito de peluche

EL PRIMER OSITO DE PELUCHE lo fabricó probablemente Richard Steiff, un juguetero alemán, a principios de este siglo. El osito de Steiff tardó poco en hacerse popular porque, a diferencia de los osos con relleno anteriores, la cabeza y las extremidades del suyo eran móviles. El osito de peluche moderno que mostramos aquí es un descendiente directo del prototipo de Steiff. Está compuesto de seis secciones: cabeza, cuerpo, dos brazos y dos patas. Para todas las secciones se utilizan retales de mohair afelpado y dorado que hay que cortar, coser y rellenar con finas virutas de madera. Las almohadillas de pies y manos se hacen con fieltro. Los ojos se fabrican con plástico de colores, mientras la nariz y la boca van cosidos. Para unir las extremidades y la cabeza al cuerpo se utilizan discos, tornillos y arandelas. A este osito, cuando lo ladean emite un gruñido parecido al de los osos.

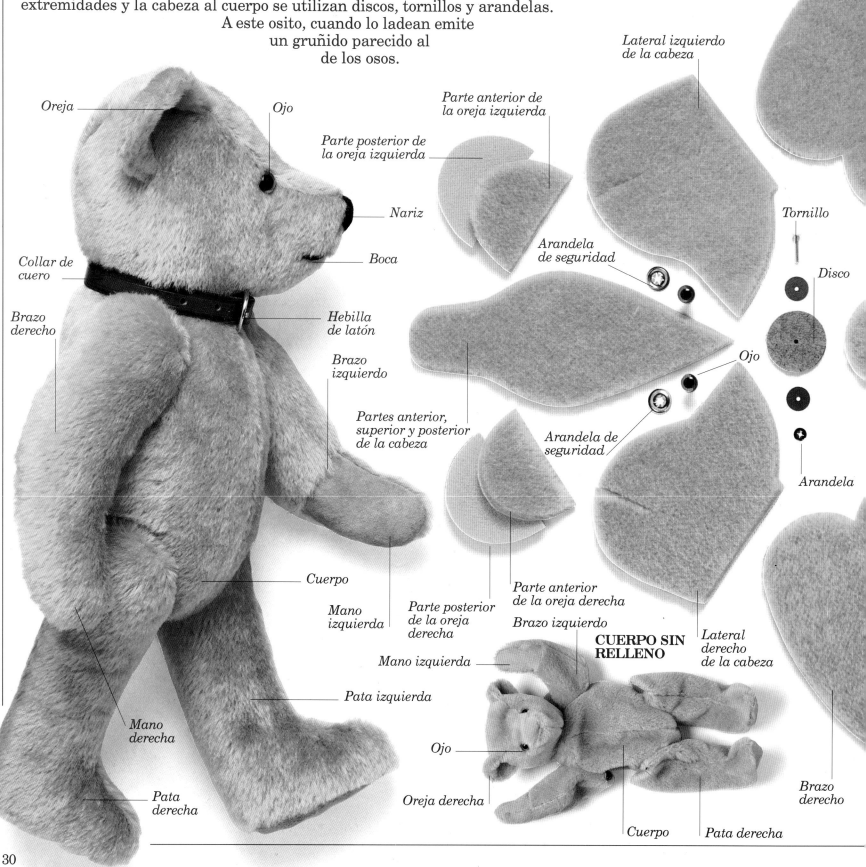

Oreja

Ojo

Parte anterior de la oreja izquierda

Parte posterior de la oreja izquierda

Lateral izquierdo de la cabeza

Brazo izquierdo

Nariz

Boca

Collar de cuero

Hebilla de latón

Brazo derecho

Brazo izquierdo

Partes anterior, superior y posterior de la cabeza

Arandela de seguridad

Tornillo

Disco

Ojo

Arandela de seguridad

Arandela

Cuerpo

Mano izquierda

Parte posterior de la oreja derecha

Parte anterior de la oreja derecha

Brazo izquierdo

Lateral derecho de la cabeza

Mano izquierda

CUERPO SIN RELLENO

Pata izquierda

Ojo

Oreja derecha

Cuerpo

Pata derecha

Brazo derecho

Mano derecha

Pata derecha

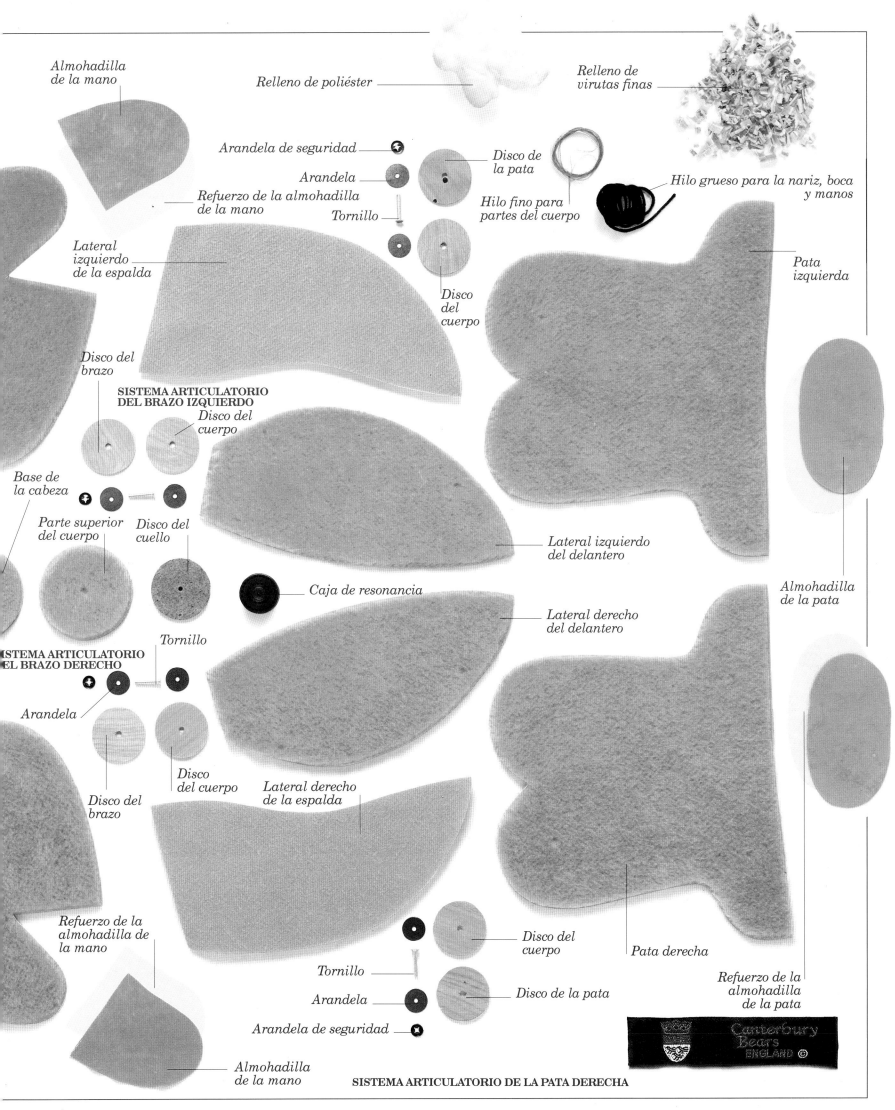

Almohadilla
de la mano

Relleno de poliéster

Relleno de
virutas finas

Arandela de seguridad

Disco de
la pata

Arandela

Refuerzo de la almohadilla
de la mano

Tornillo

Hilo fino para
partes del cuerpo

Hilo grueso para la nariz, boca
y manos

Lateral
izquierdo
de la espalda

Pata
izquierda

Disco del
brazo

Disco del
cuerpo

**SISTEMA ARTICULATORIO
DEL BRAZO IZQUIERDO**

Disco del
cuerpo

Base de
la cabeza

Parte superior
del cuerpo

Disco del
cuello

Lateral izquierdo
del delantero

Almohadilla
de la pata

Caja de resonancia

Lateral derecho
del delantero

Tornillo

**SISTEMA ARTICULATORIO
DEL BRAZO DERECHO**

Arandela

Disco del
cuerpo

Disco del
brazo

Lateral derecho
de la espalda

Pata derecha

Refuerzo de la
almohadilla de
la mano

Disco del
cuerpo

Tornillo

Disco del
cuerpo

Arandela

Disco de la pata

Arandela de seguridad

Refuerzo de la
almohadilla
de la pata

Almohadilla
de la mano

SISTEMA ARTICULATORIO DE LA PATA DERECHA

Canterbury
Bears
ENGLAND ©

Flexo

EL PRIMER FLEXO lo diseñó en 1934 George Carwardine. Este tipo de lámpara imita al brazo humano por la forma en que se puede mantener en una posición fija o moverse con facilidad y precisión. En el caso del brazo, dicho control se consigue coordinando parejas de músculos de acción opuesta (por ejemplo, cuando se contrae el bíceps, se relaja el tríceps y así se puede doblar el brazo). En el flexo, el primer músculo de la pareja está representado por los muelles que tiran de las barras rígidas del flexo, mientras que el otro músculo lo encarnan las tuercas, pernos, tornillos y arandelas de las articulaciones del flexo, cuya función consiste en resistir la fuerza de tracción de los muelles. La altura y el ángulo de la lámpara se puede así ajustar con una presión mínima gracias al equilibrio de la tracción de los muelles y la resistencia de las articulaciones.

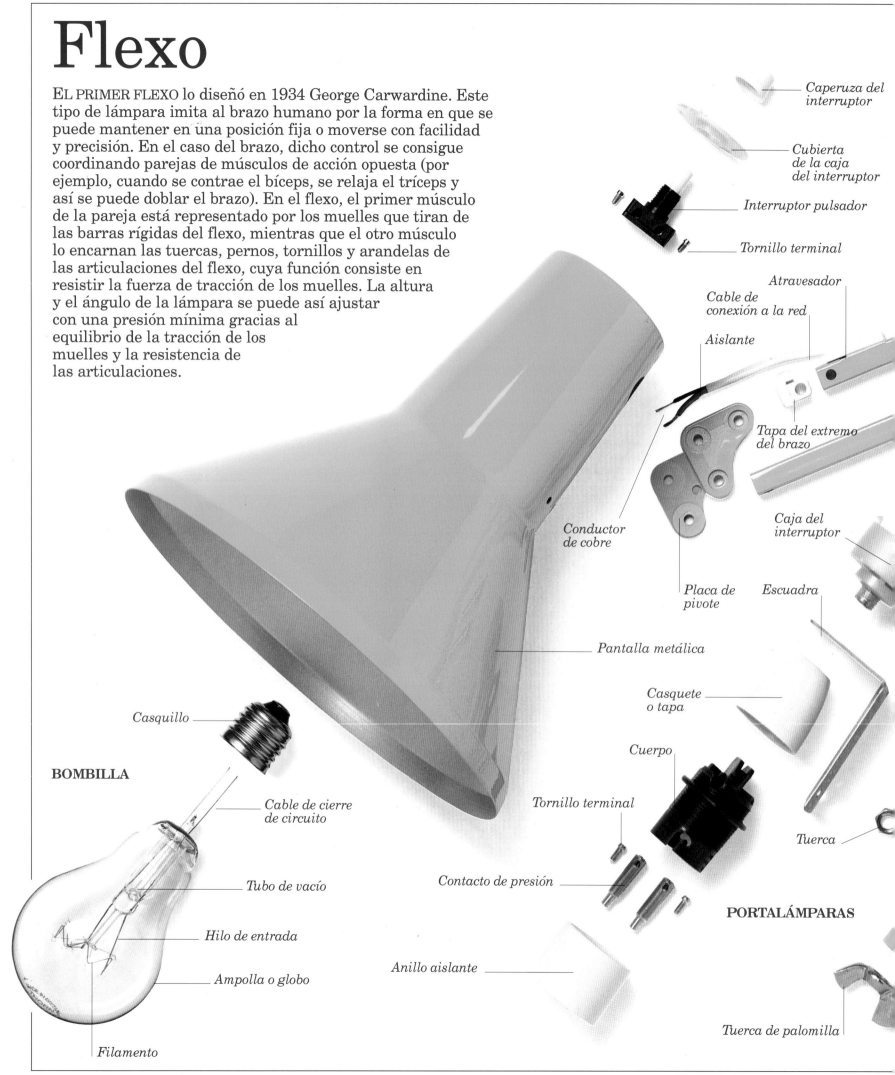

Caperuza del interruptor

Cubierta de la caja del interruptor

Interruptor pulsador

Tornillo terminal

Atravesador

Cable de conexión a la red

Aislante

Tapa del extremo del brazo

Caja del interruptor

Conductor de cobre

Placa de pivote

Escuadra

Pantalla metálica

Casquete o tapa

Cuerpo

Casquillo

BOMBILLA

Cable de cierre de circuito

Tornillo terminal

Tuerca

Tubo de vacío

Contacto de presión

PORTALÁMPARAS

Hilo de entrada

Ampolla o globo

Anillo aislante

Tuerca de palomilla

Filamento

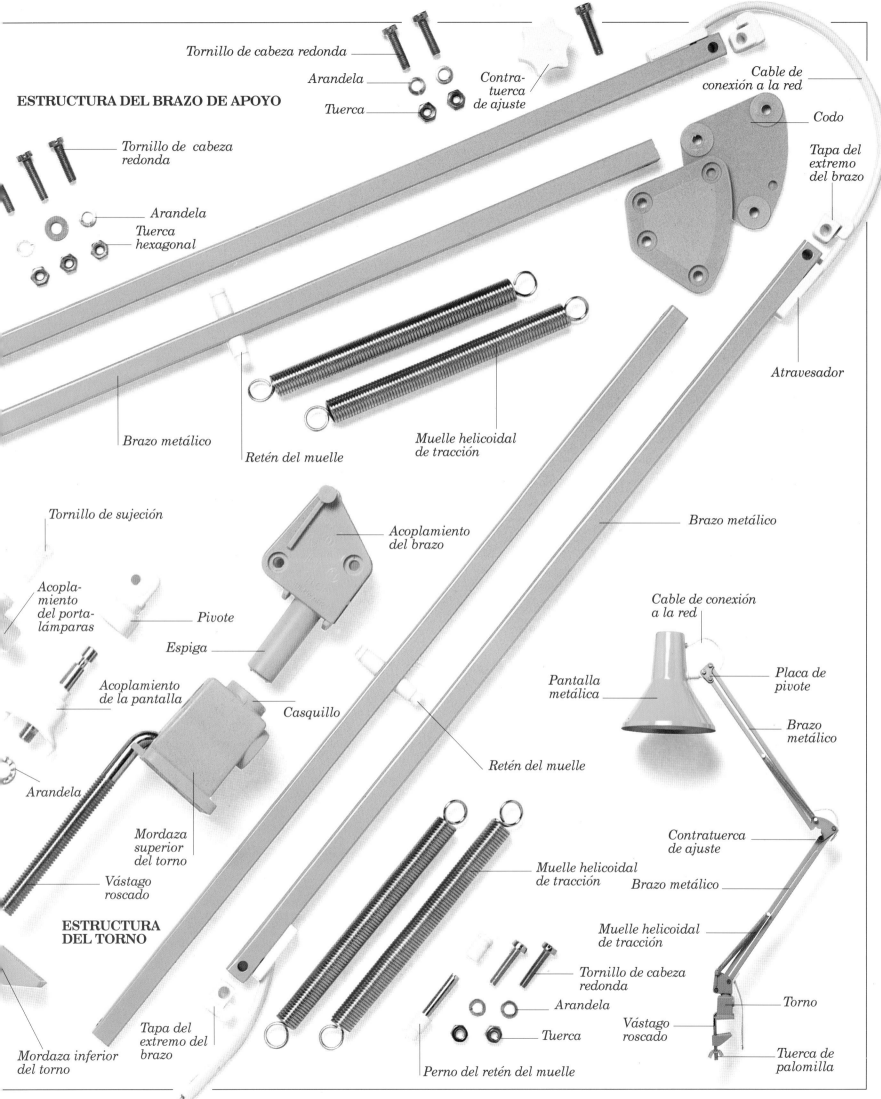

Tornillo de cabeza redonda

Arandela

Tuerca

Contra-tuerca de ajuste

ESTRUCTURA DEL BRAZO DE APOYO

Tornillo de cabeza redonda

Arandela

Tuerca hexagonal

Cable de conexión a la red

Codo

Tapa del extremo del brazo

Atravesador

Brazo metálico

Retén del muelle

Muelle helicoidal de tracción

Tornillo de sujeción

Acoplamiento del brazo

Brazo metálico

Acopla-miento del porta-lámparas

Pivote

Espiga

Cable de conexión a la red

Placa de pivote

Acoplamiento de la pantalla

Casquillo

Pantalla metálica

Brazo metálico

Arandela

Retén del muelle

Contratuerca de ajuste

Brazo metálico

Mordaza superior del torno

Muelle helicoidal de tracción

Vástago roscado

Muelle helicoidal de tracción

ESTRUCTURA DEL TORNO

Tornillo de cabeza redonda

Arandela

Torno

Mordaza inferior del torno

Tapa del extremo del brazo

Tuerca

Vástago roscado

Perno del retén del muelle

Tuerca de palomilla

Motosierra

UNA MOTOSIERRA ES UNA POTENTE HERRAMIENTA de mano que sirve para cortar madera y podar o talar árboles. Lleva una cadena metálica –similar a la de las bicicletas– que gira alrededor de una espada o barra guía. Las cuchillas que cortan la madera van unidas a los eslabones de la cadena. Para evitar que se atasque, un aceite lubricante va bañando constantemente la cadena. Las motosierras pueden recibir su energía motriz tanto de un motor eléctrico como de uno de explosión. La motosierra que mostramos aquí lleva un motorcito de explosión que se arranca por medio de un rotor con cuerda de arranque. Este motor hace girar a su vez a un disco de embrague, que es el que mueve la cadena. Las motosierras tienen que funcionar en todas las condiciones metereológicas. En los lugares de clima cálido llevan un ventilador para refrigerar el motor y en los de clima frío existen modelos con calefactores eléctricos para la empuñadura. Se trata de una herramienta no exenta de riesgos, pero que lleva guardamanos y freno de cadena para tratar de proteger de accidentes al usuario.

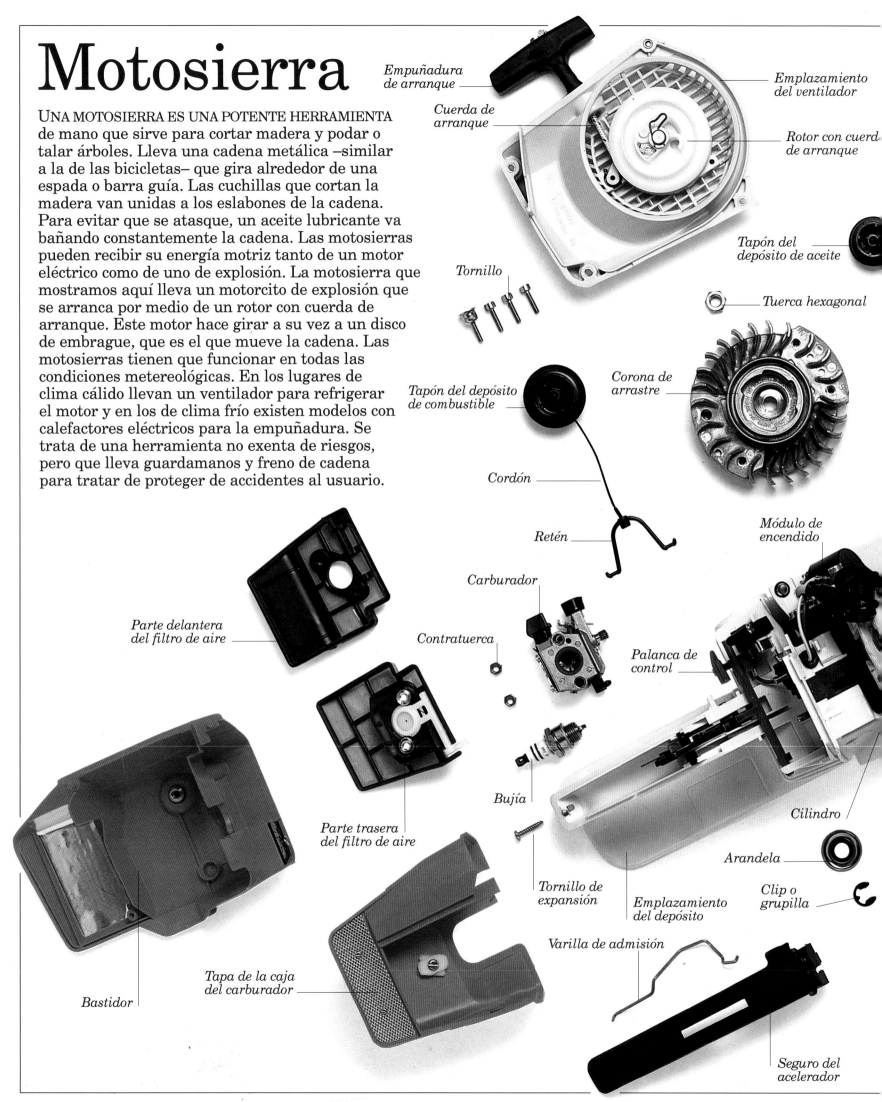

Empuñadura de arranque

Cuerda de arranque

Emplazamiento del ventilador

Rotor con cuerda de arranque

Tapón del depósito de aceite

Tornillo

Tuerca hexagonal

Tapón del depósito de combustible

Corona de arrastre

Cordón

Retén

Módulo de encendido

Carburador

Parte delantera del filtro de aire

Contratuerca

Palanca de control

Bujía

Cilindro

Parte trasera del filtro de aire

Arandela

Clip o grupilla

Tornillo de expansión

Emplazamiento del depósito

Varilla de admisión

Tapa de la caja del carburador

Bastidor

Seguro del acelerador

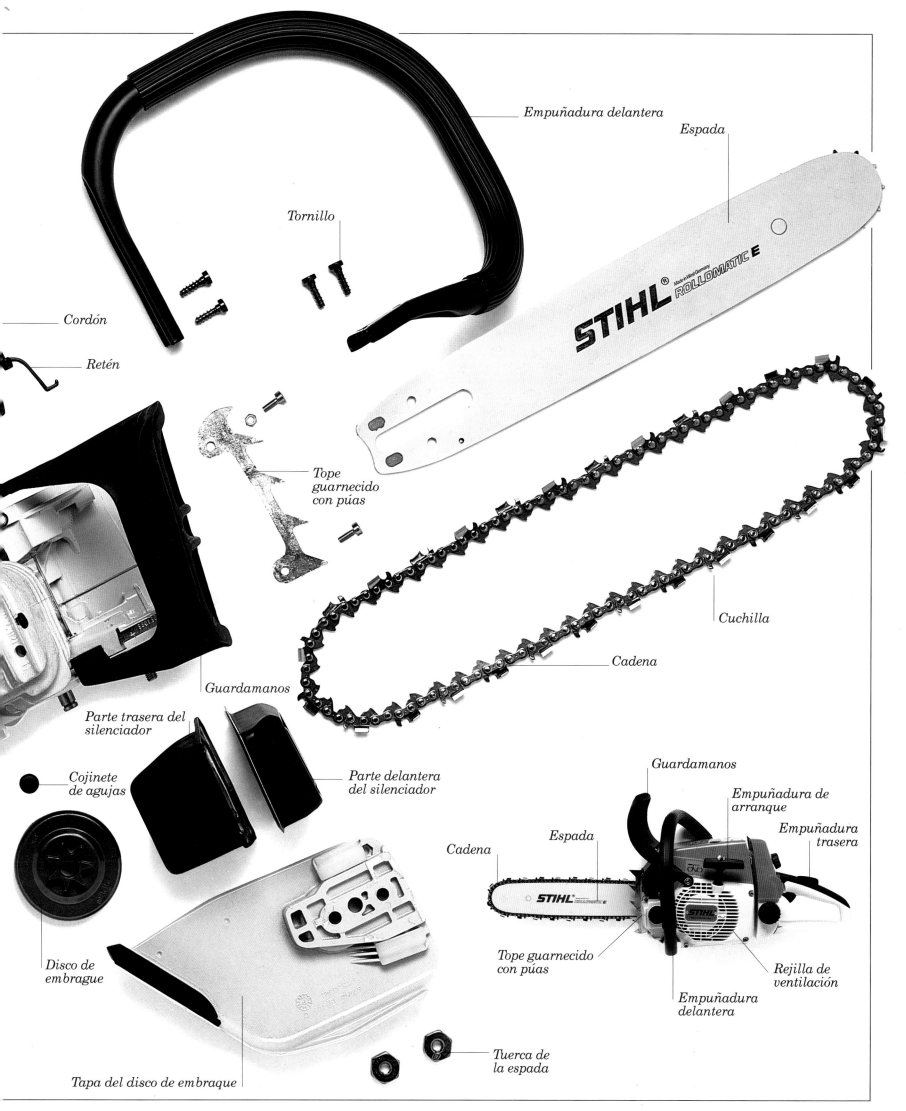

Empuñadura delantera

Espada

Tornillo

Cordón

Retén

STIHL ® Made in West Germany ROLLOMATIC E

Tope
guarnecido
con púas

Cuchilla

Cadena

Guardamanos

Parte trasera del
silenciador

Cojinete
de agujas

Parte delantera
del silenciador

Guardamanos

Empuñadura de
arranque

Espada

Empuñadura
trasera

Cadena

STIHL

Disco de
embrague

Tope guarnecido
con púas

Rejilla de
ventilación

Empuñadura
delantera

Tuerca de
la espada

Tapa del disco de embrague

Mini televisor portátil

LOS TELEVISORES EN MINIATURA son tan pequeños que se pueden sostener en la mano mientras se ven. Un emisor de ondas transmite una señal que recoge la antena del televisor y que se dirige entonces al cañón de electrones que se encuentra en la parte trasera del aparato. En respuesta a dicha señal, el cañón emite un haz de electrones que pasa por un dispositivo deflector. El dispositivo deflector consiste en un conjunto de bobinas e imanes que operan sobre el haz de modo que éste barre la pantalla formando una serie de líneas. La pantalla está revestida de sustancias luminóforas que se iluminan al ser alcanzadas por el haz de electrones. Al ejecutar el barrido, el haz va variando de fuerza de tal modo que los luminóforos brillan con distinta intensidad en los distintos puntos de la pantalla. En ésta aparece una secuencia continua de 25 imágenes en blanco y negro por segundo, que es una velocidad tan alta que se consigue crear la ilusión de escenas en movimiento.

TUBO DE RAYOS CATÓDICOS

Cubierta del tubo de rayos catódicos

Conexión de la antena

Sintonizado

Parte posterior de la caja

Capacitor electrolítico

Indicador del dial

Engranaje de tracción del sintonizador

Circuito integrado del amplificador de distorsión trapezoidal

Enchufe de los auriculares

Enchufe de conexión a la red

Mando del sintonizador

Blindaje metálico

Compartimento de las pilas

Tornillo

Tarjeta de circuitos impresos del sintonizador

Bobina deflectora

Soporte del tubo de rayos catódicos

Cinta

Tapa del compartimento de las pilas

Polo positivo

CUELLO DEL TUBO

Cañón de electrones

Consola de montaje

Tubo de empalme o pepitilla

Platina de la bobina de barrido

CONTACTOS DE LAS PILAS

ANILLOS DE AJUSTE DE DEFLEXIÓN

Clavija de conexión

Polo positivo

Casquillo del tubo de rayos catódicos

Imán de centrado

Polo negativo

Polo negativo

Tornillo

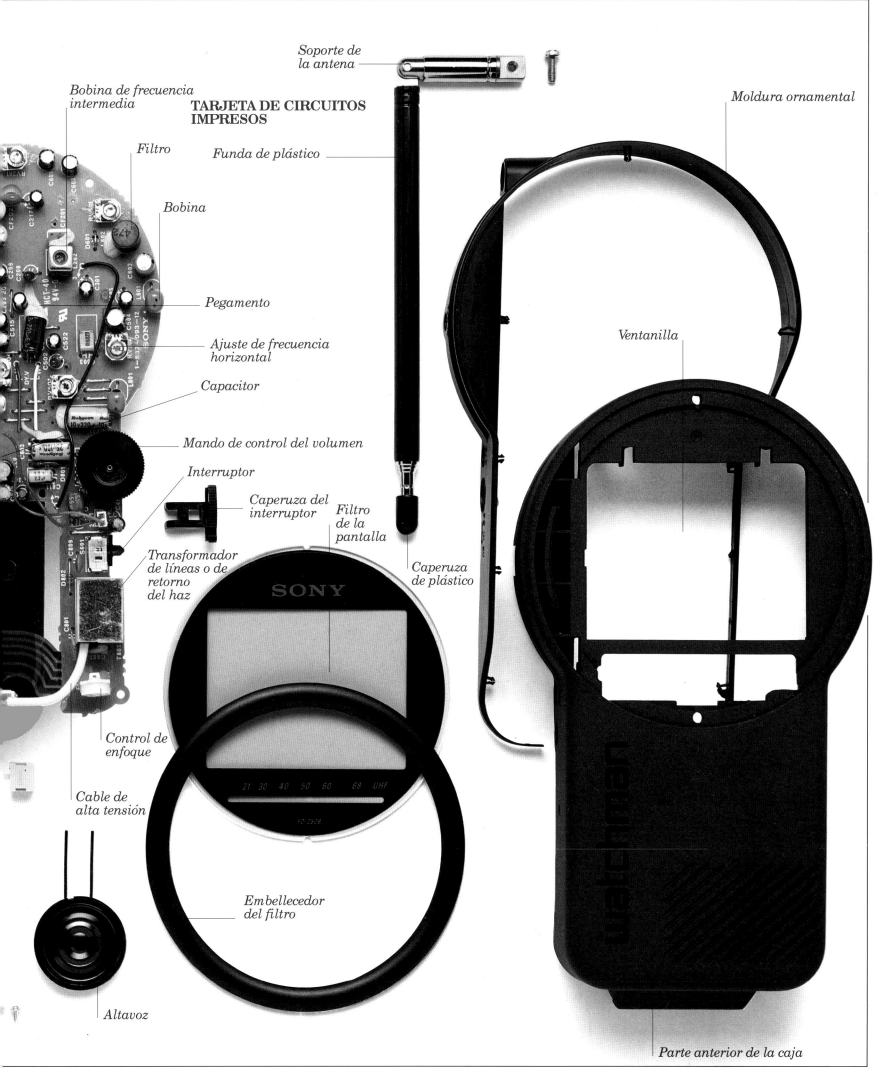

Soporte de
la antena

Bobina de frecuencia
intermedia

**TARJETA DE CIRCUITOS
IMPRESOS**

Filtro

Funda de plástico

Moldura ornamental

Bobina

Pegamento

Ajuste de frecuencia
horizontal

Ventanilla

Capacitor

Mando de control del volumen

Interruptor

Caperuza del
interruptor

Filtro
de la
pantalla

Transformador
de líneas o de
retorno
del haz

Caperuza
de plástico

SONY

Control de
enfoque

21 30 40 50 60 68 UHF

Cable de
alta tensión

Embellecedor
del filtro

Altavoz

Parte anterior de la caja

Silla

UNA SILLA DE COMEDOR fabricada siguiendo la tradición, tal como la de estilo Regencia que mostramos aquí, está unida no con clavos o pernos, sino con ensambladuras, tornillos, clavijas y cola. Los brazos curvados, los travesaños del respaldo o espaldar y las patas ahusadas están tallados en caoba curada (o, lo que es lo mismo, seca). Las mortajas (ranuras) de las patas traseras reciben las espigas de lengüeta y los listones superior e inferior del respaldo. Los cortes en ángulo de la parte superior de las patas traseras, que reciben el nombre de rebajos, son los que acogen los brazos curvados. Aunque las diversas ensambladuras están tan encajadas que formarían por sí solas un sólido armazón, también se utilizan tornillos y cola para dotar a las uniones de solidez suplementaria. El cómodo asiento tapizado que mostramos aquí consiste en una funda estampada, un forro de percal y un relleno de espuma que está tratado contra el fuego. El asiento se apoya en un cinchado extendido a través de un bastidor de madera.

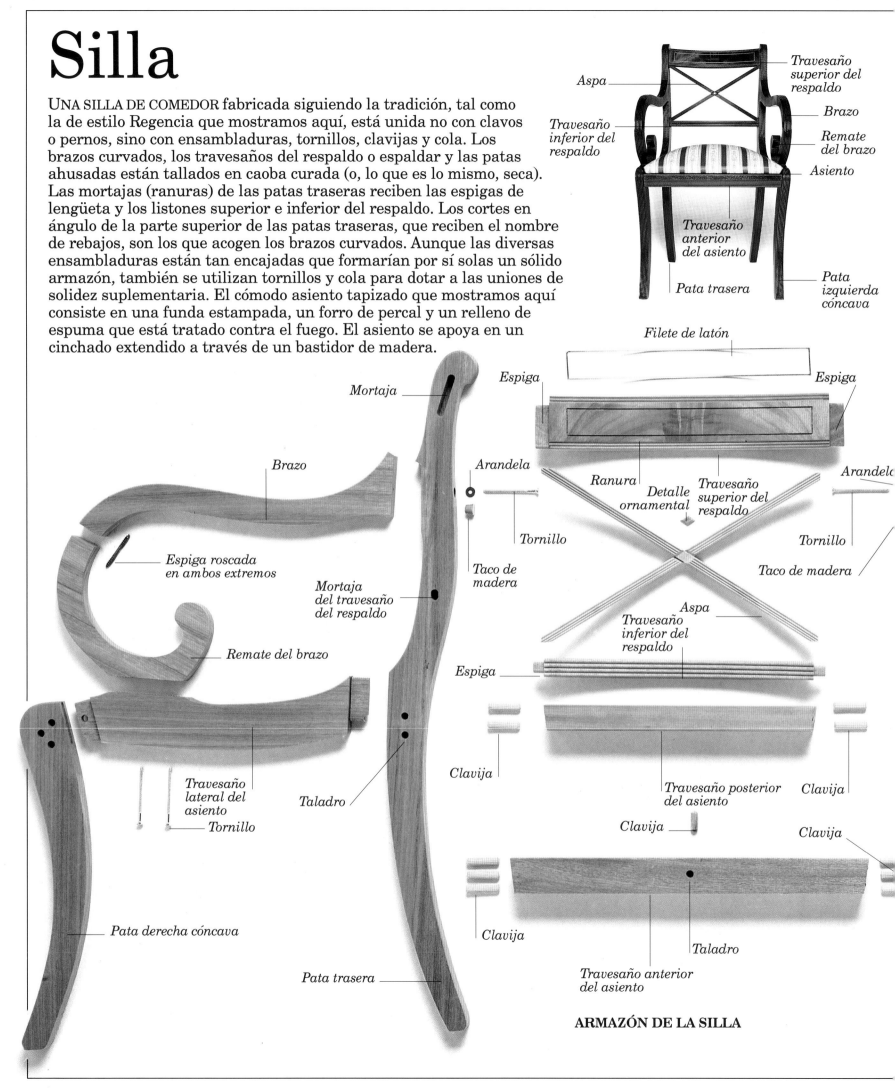

Aspa

Travesaño superior del respaldo

Travesaño inferior del respaldo

Brazo

Remate del brazo

Asiento

Travesaño anterior del asiento

Pata trasera

Pata izquierda cóncava

Mortaja

Filete de latón

Espiga

Espiga

Brazo

Arandela

Arandela

Espiga roscada en ambos extremos

Ranura

Detalle ornamental

Travesaño superior del respaldo

Tornillo

Mortaja del travesaño del respaldo

Tornillo

Taco de madera

Taco de madera

Remate del brazo

Aspa

Travesaño inferior del respaldo

Espiga

Travesaño lateral del asiento

Taladro

Clavija

Clavija

Tornillo

Travesaño posterior del asiento

Clavija

Clavija

Clavija

Pata derecha cóncava

Clavija

Taladro

Pata trasera

Travesaño anterior del asiento

ARMAZÓN DE LA SILLA

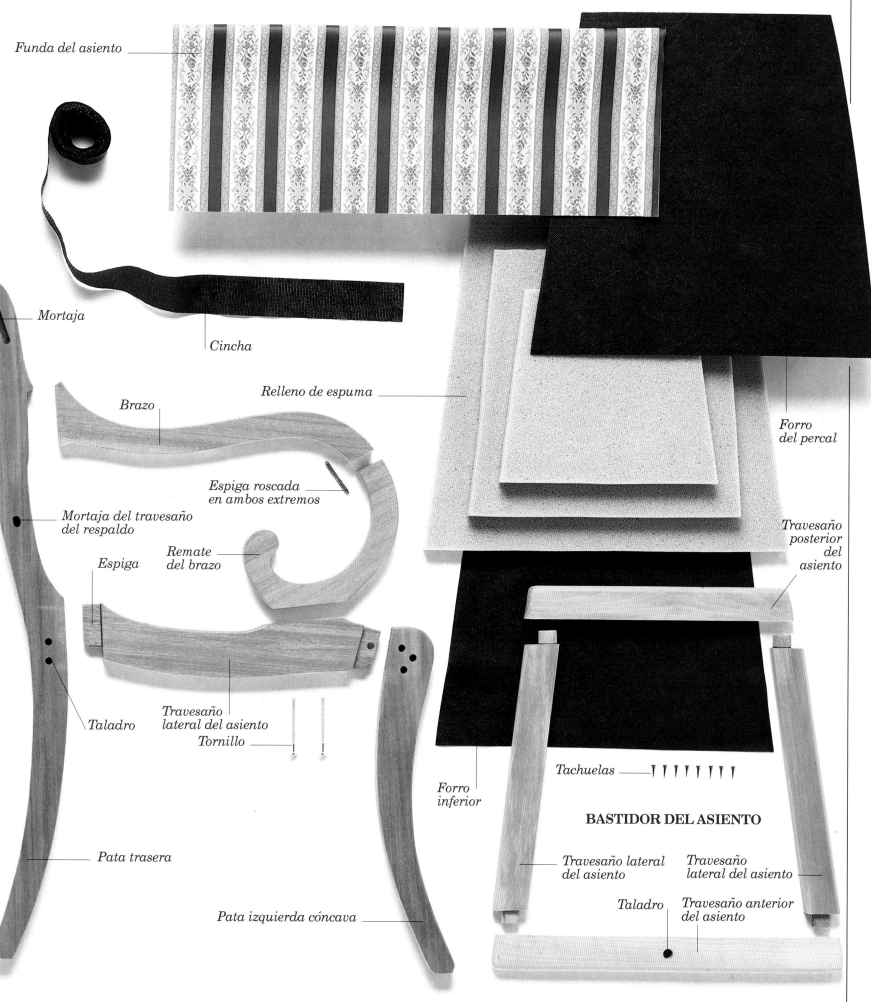

Funda del asiento

Mortaja

Cincha

Brazo

Relleno de espuma

Forro del percal

Espiga roscada
en ambos extremos

Mortaja del travesaño
del respaldo

Remate
del brazo

Travesaño
posterior
del
asiento

Espiga

Taladro

Travesaño
lateral del asiento

Tornillo

Tachuelas

Forro
inferior

BASTIDOR DEL ASIENTO

Pata trasera

Travesaño lateral
del asiento

Travesaño
lateral del asiento

Pata izquierda cóncava

Taladro

Travesaño anterior
del asiento

Multirrobot de cocina

UN MULTIRROBOT DE COCINA acelera la preparación de los ingredientes de un plato. Sus afiladas cuchillas de diverso formato cortan, parten, despedazan, hacen rodajas, rallan o pican, mientras otros accesorios baten, amasan, mezclan o exprimen. La máquina recibe su energía de un motor eléctrico que hace girar una rueda motriz conectada a una correa de transmisión. Dicha correa hace que un engranaje del eje motor dé vueltas a gran velocidad al propio eje motor. Y es el eje motor el que pone en movimiento rotatorio al accesorio que se haya montado para la ocasión. Como las cuchillas rotatorias son peligrosas, la seguridad es uno de los rasgos característicos de todos los robots de cocina. Los dispositivos de bloqueo del sistema de arrastre imposibilitan el funcionamiento del aparato a menos que la tapa esté firmemente ajustada. El cocinero tampoco puede tocar las cuchillas cuando el aparato está en marcha y por ello se ve obligado a echar los ingredientes por el conducto de llenado o en la bandeja giratoria del conducto ancho de llenado.

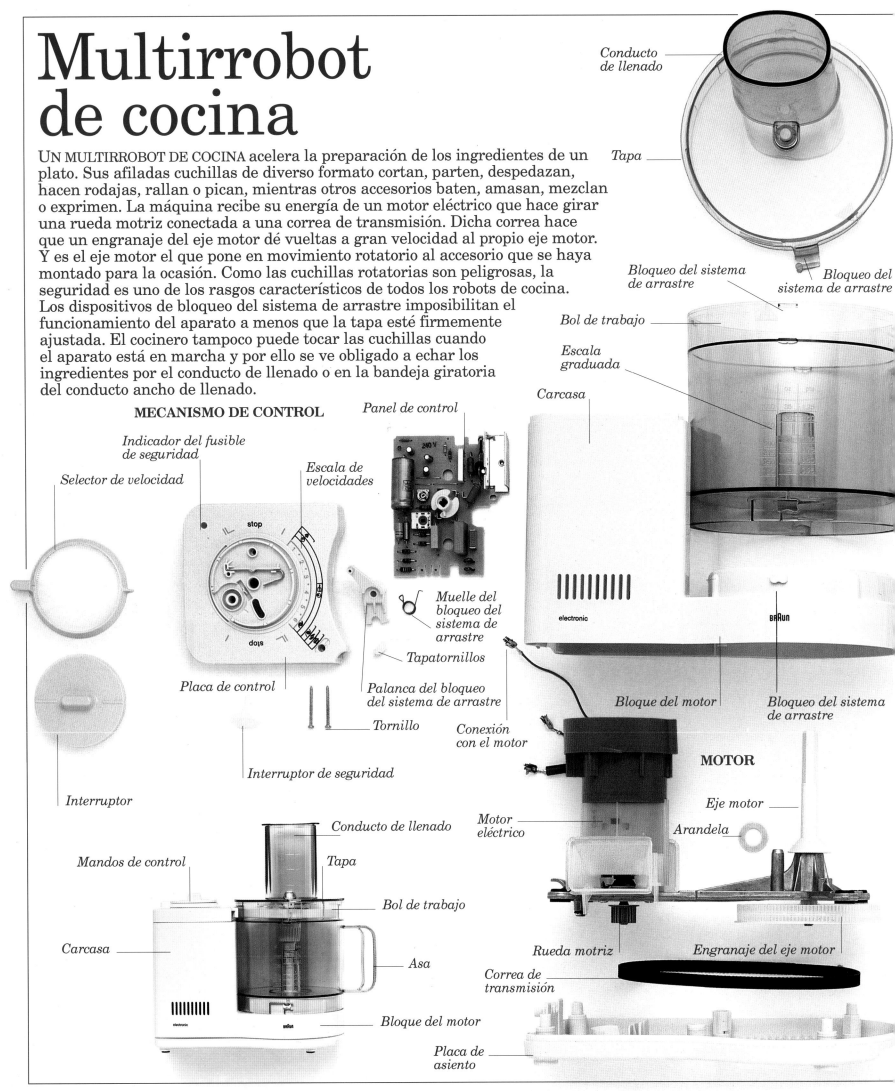

Conducto de llenado

Tapa

Bloqueo del sistema de arrastre

Bloqueo del sistema de arrastre

Bol de trabajo

Escala graduada

Carcasa

MECANISMO DE CONTROL

Panel de control

Indicador del fusible de seguridad

Escala de velocidades

Selector de velocidad

stop

Muelle del bloqueo del sistema de arrastre

Tapatornillos

Placa de control

Palanca del bloqueo del sistema de arrastre

Tornillo

Interruptor de seguridad

Conexión con el motor

Bloque del motor

Bloqueo del sistema de arrastre

MOTOR

Eje motor

Arandela

Interruptor

Motor eléctrico

Mandos de control

Conducto de llenado

Tapa

Bol de trabajo

Carcasa

Asa

Rueda motriz

Engranaje del eje motor

Correa de transmisión

Bloque del motor

Placa de asiento

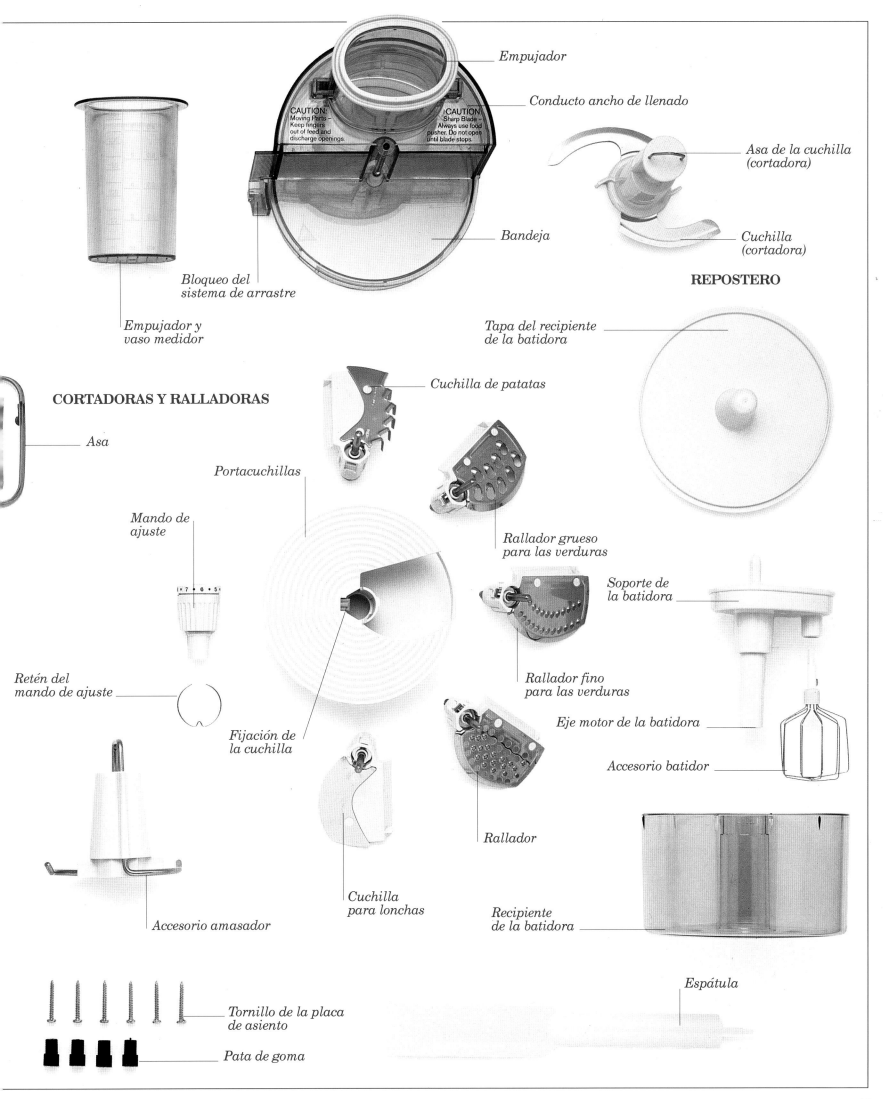

Empujador

Conducto ancho de llenado

CAUTION:
Moving Parts –
Keep fingers
out of feed and
discharge openings.

CAUTION!
Sharp Blade –
Always use food
pusher. Do not open
until blade stops.

Asa de la cuchilla
(cortadora)

Bandeja

Cuchilla
(cortadora)

Bloqueo del
sistema de arrastre

REPOSTERO

Empujador y
vaso medidor

Tapa del recipiente
de la batidora

CORTADORAS Y RALLADORAS

Cuchilla de patatas

Asa

Portacuchillas

Mando de
ajuste

 Rallador grueso
para las verduras

Soporte de
la batidora

Retén del
mando de ajuste

Rallador fino
para las verduras

Eje motor de la batidora

Fijación de
la cuchilla

Accesorio batidor

Rallador

Accesorio amasador

Cuchilla
para lonchas

Recipiente
de la batidora

Espátula

Tornillo de la placa
de asiento

Pata de goma

Máquina de escribir

UNA MÁQUINA DE ESCRIBIR es una imprenta manual.
Cuenta con un juego de teclas, o tipario, marcadas con letras,
números u otros signos. Cuando el mecanógrafo pulsa una
tecla con el dedo, un sistema de palancas o una señal electrónica
impulsa una versión elevada del signo, el tipo, hacia una cinta
entintada. El tipo puede estar sobre una serie de barras o dispuesto
en algún punto de una esfera. Cuando el tipo alcanza su meta,
imprime una imagen de sí mismo sobre una hoja de papel que se
encuentra en el rodillo. Entonces, un muelle hace avanzar
ligeramente el carro junto con el papel. Después, la máquina
está lista para que el próximo signo se pueda
mecanografiar al lado del anterior.

Palanca de interlineado

Tuerca

Muelle

Clip o grupilla

Rodillo

Palanca intermedia del interlineado

Bastidor auxiliar

ESTRUCTURA DEL BASTIDOR

CARCASA

Placa de asiento

Carrete de la cinta

Ranurado de palancas

Guiatipos

Segmento

Barra portatipos

Tipo

Conexión de barra portatipos

Conexión de la tecla de retroceso

Tecla

Tecla de retroceso

Tecla de bloqueo de mayúsculas

Tecla de mayúsculas

Espaciador

Tapa

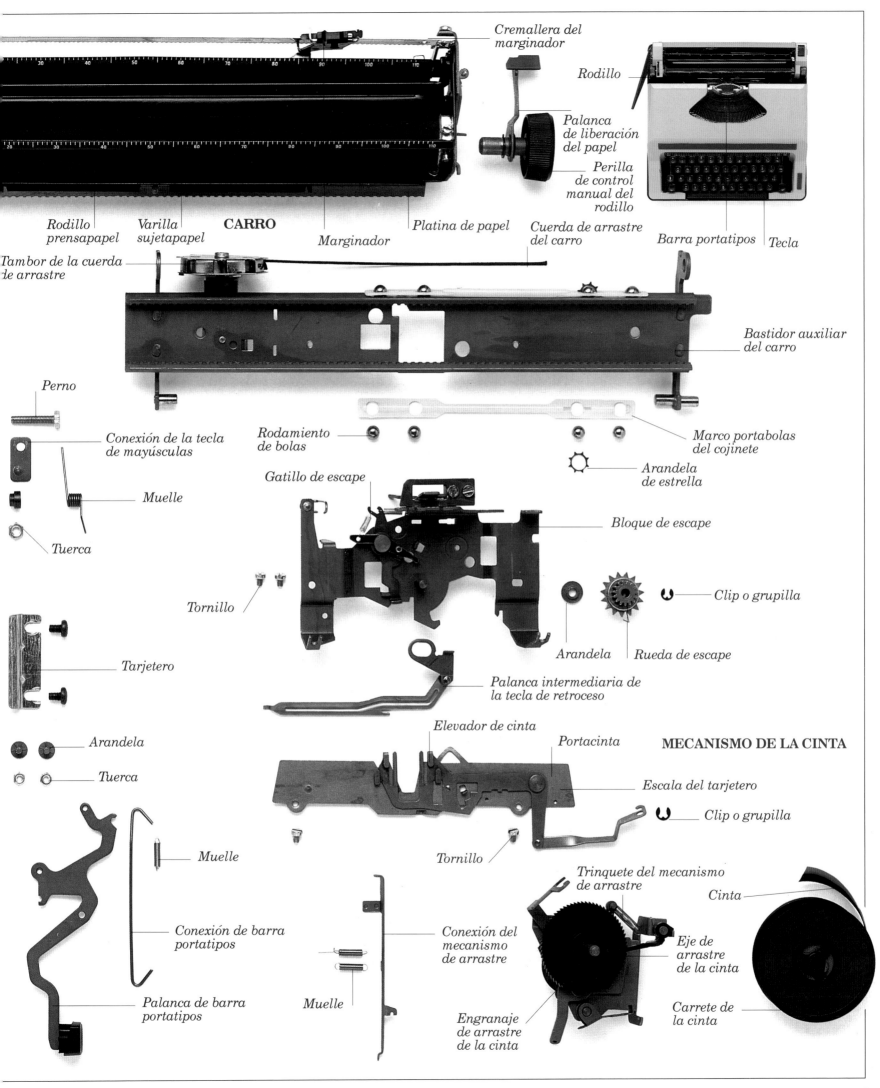

Cremallera del
marginador

Rodillo

Palanca
de liberación
del papel

Perilla
de control
manual del
rodillo

Rodillo
prensapapel

Varilla
sujetapapel

CARRO

Marginador

Platina de papel

Cuerda de arrastre
del carro

Barra portatipos

Tecla

Tambor de la cuerda
de arrastre

Bastidor auxiliar
del carro

Perno

Conexión de la tecla
de mayúsculas

Rodamiento
de bolas

Marco portabolas
del cojinete

Arandela
de estrella

Muelle

Gatillo de escape

Bloque de escape

Tuerca

Tornillo

Clip o grupilla

Arandela

Rueda de escape

Tarjetero

Palanca intermediaria de
la tecla de retroceso

Arandela

Elevador de cinta

Portacinta

MECANISMO DE LA CINTA

Tuerca

Escala del tarjetero

Clip o grupilla

Muelle

Tornillo

Trinquete del mecanismo
de arrastre

Cinta

Conexión de barra
portatipos

Conexión del
mecanismo
de arrastre

Eje de
arrastre
de la cinta

Palanca de barra
portatipos

Muelle

Engranaje
de arrastre
de la cinta

Carrete de
la cinta

43

Maleta

EN EL SIGLO XIX, CUANDO LAS PERSONAS ADINERADAS viajaban al extranjero llevaban sus pertenencias en una serie de recipientes especializados. Los sombreros iban en las sombrereras, los libros, zapatos y otros artículos varios se guardaban en baúles, mientras que la ropa más elegante de los hombres iba dentro de maletas planas. A lo largo del presente siglo, la maleta plana se ha convertido en bolsa de viaje para todos los artículos y las buenas maletas se diseñan para responder a todos los problemas potenciales de un viaje largo. La maleta ideal ha de llevar compartimentos para guardar artículos como los zapatos, y además debe proteger su contenido del agua, el calor, la humedad, la arena, los animales y los ladrones.

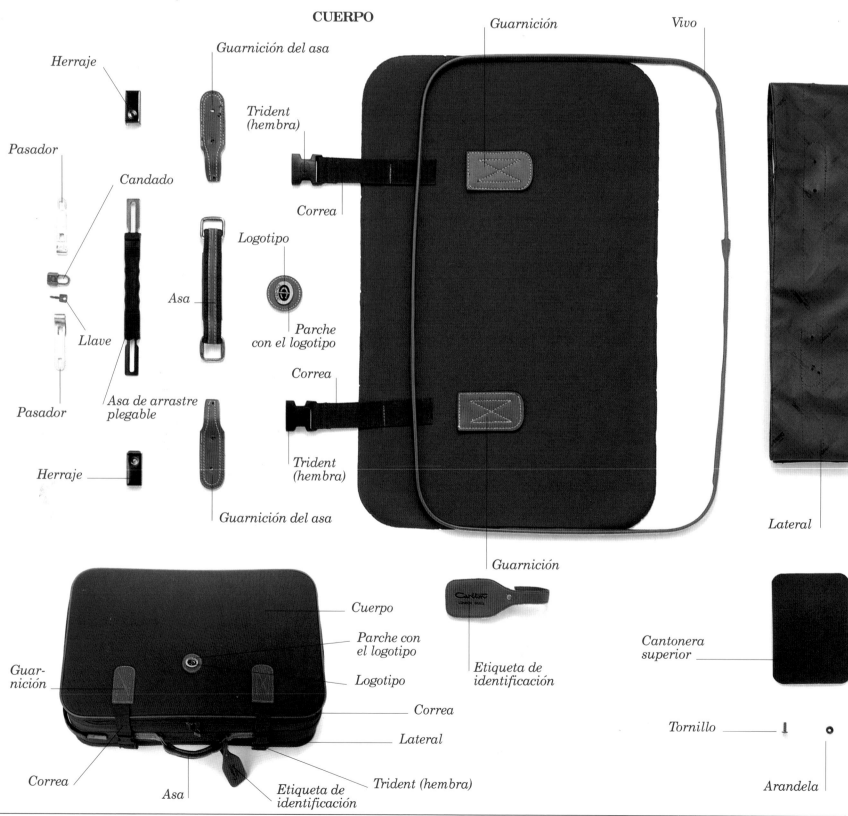

CUERPO

Arandela

Tornillo

Cantonera superior

Herraje

Guarnición del asa

Trident (hembra)

Guarnición

Vivo

Pasador

Candado

Correa

Logotipo

Asa

Parche con el logotipo

Llave

Correa

Asa de arrastre plegable

Pasador

Herraje

Trident (hembra)

Guarnición del asa

Guarnición

Lateral

Cuerpo

Parche con el logotipo

Logotipo

Etiqueta de identificación

Cantonera superior

Guar-nición

Correa

Lateral

Correa

Asa

Trident (hembra)

Etiqueta de identificación

Tornillo

Arandela

Cantonera

Rueda
empotrada

Arandela

Tornillo

Tachón

Cubierta
de la rueda

Base

Cinta elástica

Cierre interior

Guarnición

Correa

Guarnición

INTERIOR DE LA MALETA

Cremallera

Arandela

Tornillo

Trident (macho)

Armazón
metálico

Tachón

Arandela

Tornillo

Vivo

Cuerpo

Cubierta
de la rueda

Cierre
interior

Rueda
empotrada

Cantonera

Guarnición

Guarnición

Correa

Bolsillo interior con
cierre de cremallera

Guarnición

Trident (macho)

Bolsillo para
zapatos

Tornillo

Arandela

Cinta
elástica

Revestimiento
interior

Tostadora

LA MAYOR PARTE DE LAS TOSTADORAS ELÉCTRICAS no sólo tuestan rebanadas de pan, sino que también las expulsan cuando están listas. En la tostadora hay una serie de resistencias eléctricas que tuestan el pan mientras reposa sobre un soporte armado con muelles. Al mismo tiempo, hay una tira bimetálica que se calienta y expande. Uno de los dos metales de dicha tira se expande más rápidamente que el otro, provocando la curvatura de la tira. Al curvarse, la tira cierra un circuito eléctrico y se activa un electroimán. Dicho imán atrae hacia sí un gancho y queda liberado el muelle que mantiene el soporte del pan dentro de la tostadora. Las resistencias se desconectan y las rebanadas tostadas saltan al exterior.

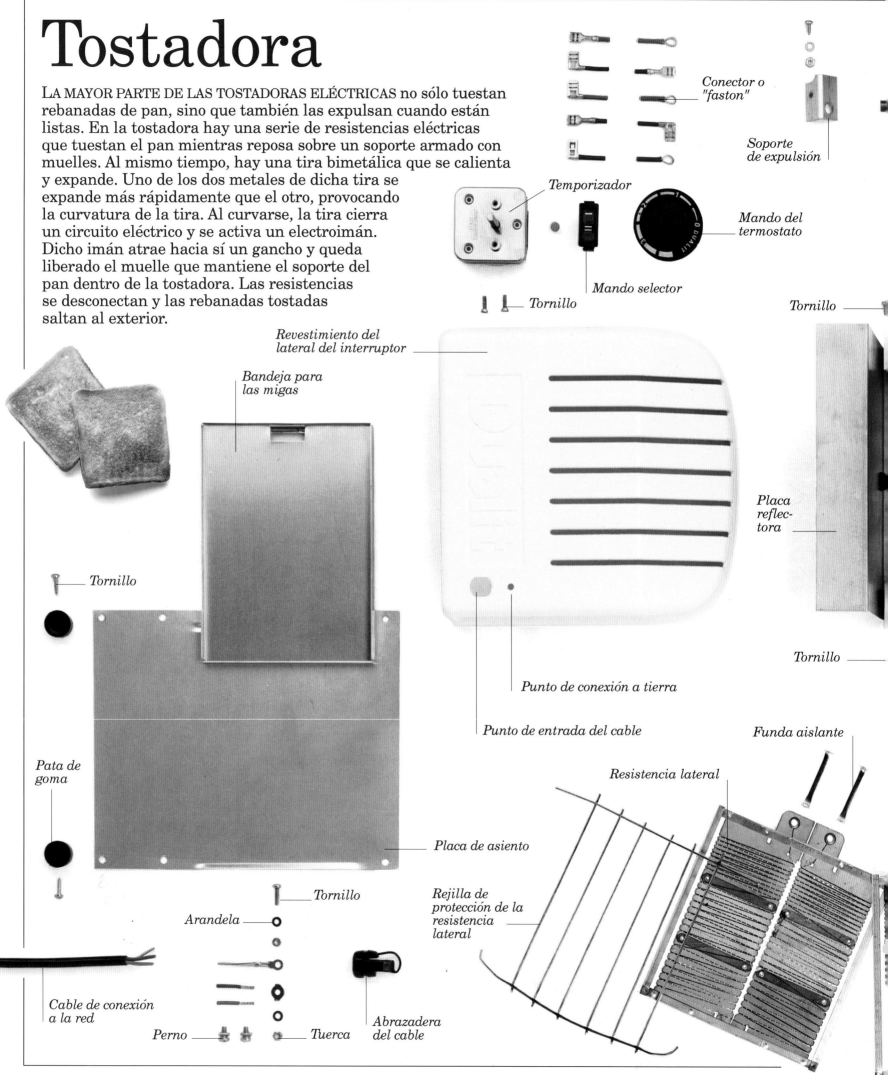

Conector o "faston"

Soporte de expulsión

Temporizador

Mando del termostato

Mando selector

Tornillo

Revestimiento del lateral del interruptor

Bandeja para las migas

Tornillo

Tornillo

Placa reflectora

Tornillo

Tornillo

Punto de conexión a tierra

Punto de entrada del cable

Pata de goma

Placa de asiento

Funda aislante

Resistencia lateral

Rejilla de protección de la resistencia lateral

Tornillo

Arandela

Cable de conexión a la red

Perno

Tuerca

Abrazadera del cable

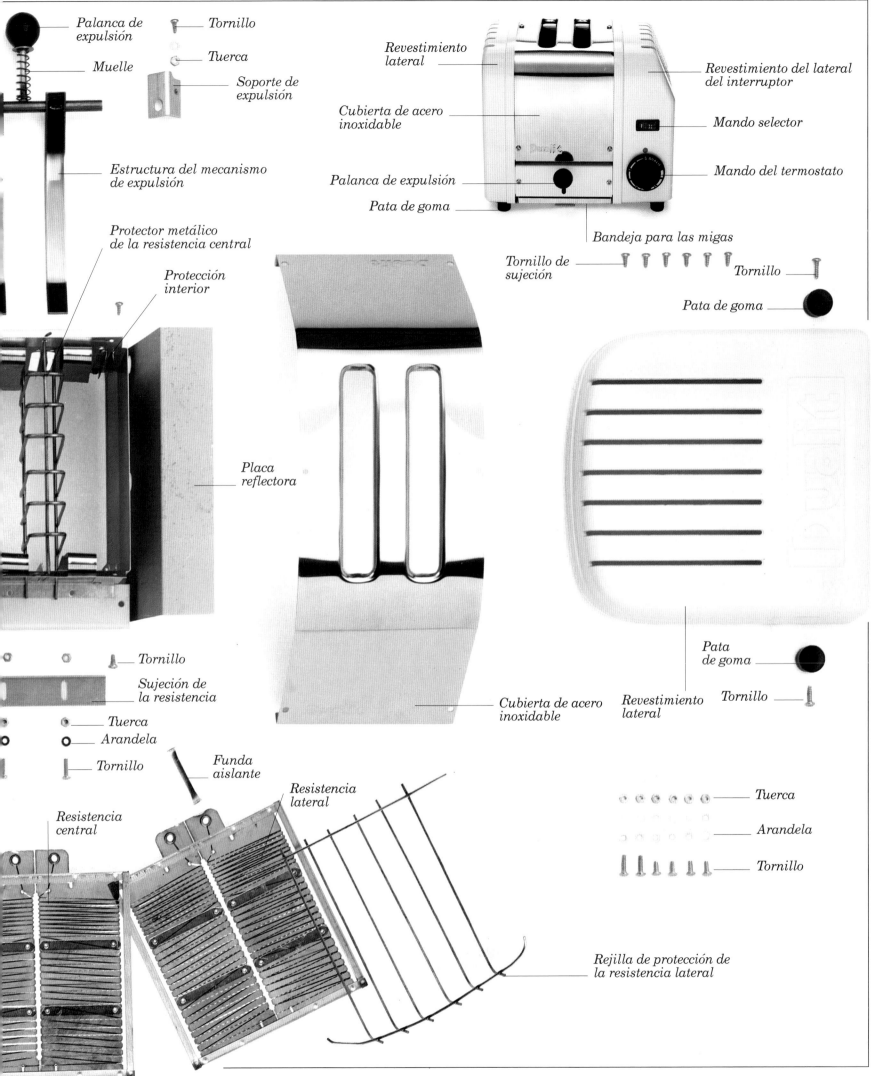

Palanca de expulsión

Tornillo

Muelle

Tuerca

Soporte de expulsión

Estructura del mecanismo de expulsión

Protector metálico de la resistencia central

Protección interior

Revestimiento lateral

Revestimiento del lateral del interruptor

Cubierta de acero inoxidable

Mando selector

Mando del termostato

Palanca de expulsión

Pata de goma

Bandeja para las migas

Tornillo de sujeción

Tornillo

Pata de goma

Placa reflectora

Tornillo

Sujeción de la resistencia

Tuerca

Arandela

Tornillo

Funda aislante

Resistencia lateral

Resistencia central

Cubierta de acero inoxidable

Revestimiento lateral

Pata de goma

Tornillo

Tuerca

Arandela

Tornillo

Rejilla de protección de la resistencia lateral

47

Paraguas

EN SUS REMOTOS PRINCIPIOS, ya en época de los antiguos egipcios, no existía ninguna diferencia entre el paraguas y la sombrilla. De hecho, el paraguas actual es una adaptación de las sombrillas tropicales que introdujeron en Europa los navegantes portugueses. Los elementos fundamentales de un paraguas consisten en una cubierta de tela extendida sobre una armadura de varillas. El varillaje va unido a un anillo móvil, un cilindro corto que está colocado alrededor del bastón. Cuando se alza el anillo móvil, ya sea a mano o, automáticamente, mediante muelles, se abre la cubierta de tela; cuando se baja el anillo móvil –normalmente a mano– se pliega la tela. Existen muchos paraguas automáticos con varillaje plegable que les permite quedar reducidos a prácticamente la mitad del tamaño que los paraguas rígidos.

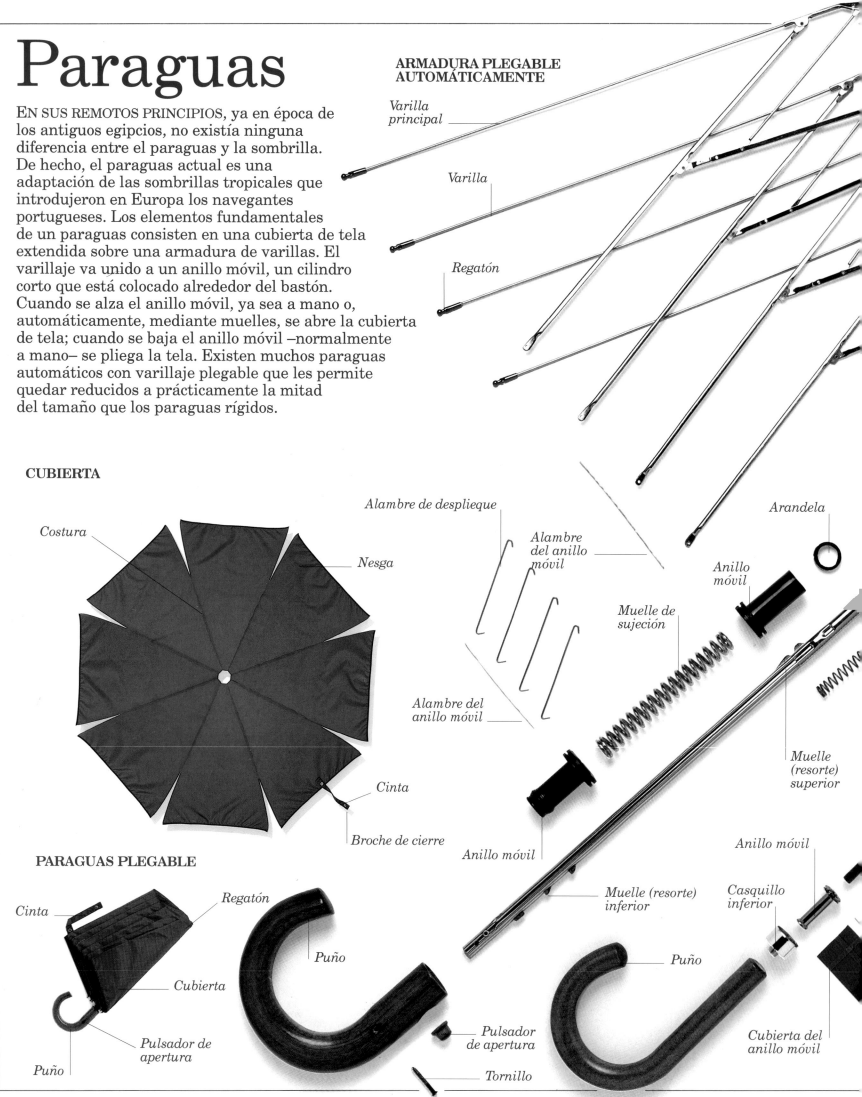

ARMADURA PLEGABLE AUTOMÁTICAMENTE

Varilla principal

Varilla

Regatón

CUBIERTA

Costura

Nesga

Alambre de despliegue

Alambre del anillo móvil

Arandela

Anillo móvil

Muelle de sujeción

Alambre del anillo móvil

Muelle (resorte) superior

Cinta

Anillo móvil

Anillo móvil

Broche de cierre

Muelle (resorte) inferior

Casquillo inferior

PARAGUAS PLEGABLE

Cinta

Regatón

Puño

Cubierta

Puño

Pulsador de apertura

Puño

Cubierta del anillo móvil

Pulsador de apertura

Tornillo

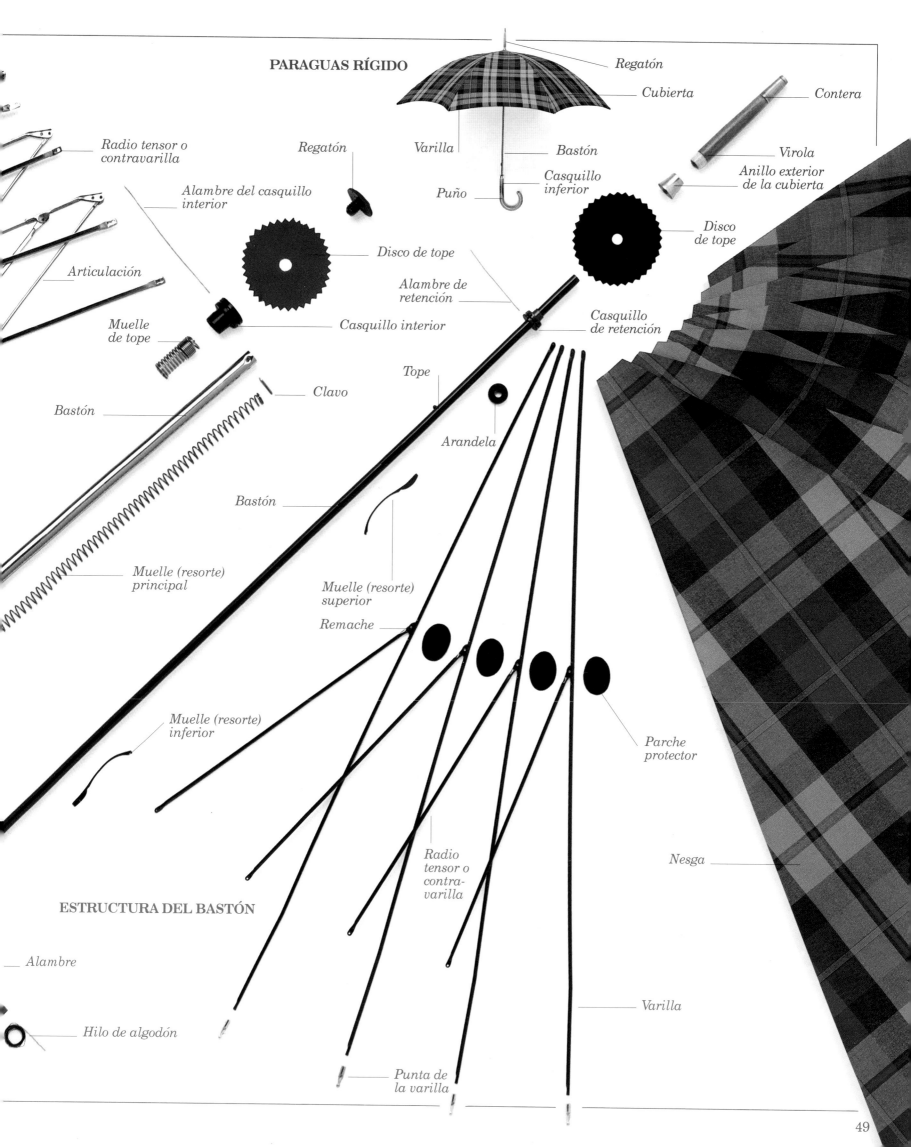

PARAGUAS RÍGIDO

Regatón

Cubierta

Contera

Radio tensor o contravarilla

Regatón

Varilla

Bastón

Virola

Alambre del casquillo interior

Puño

Casquillo inferior

Anillo exterior de la cubierta

Articulación

Disco de tope

Disco de tope

Muelle de tope

Alambre de retención

Casquillo interior

Casquillo de retención

Bastón

Clavo

Tope

Arandela

Bastón

Muelle (resorte) principal

Muelle (resorte) superior

Remache

Parche protector

Muelle (resorte) inferior

Radio tensor o contravarilla

Nesga

ESTRUCTURA DEL BASTÓN

Alambre

Varilla

Hilo de algodón

Punta de la varilla

Cortacéspedes

LAS AFILADAS CUCHILLAS DE UN CORTACÉSPED, ya sean impulsadas por el que lo maneja o gracias a un motor eléctrico o de explosión, cortan la hierba a ras de suelo. El modelo con motor de explosión que mostramos aquí arranca mediante una batería y una bujía. El motor hace girar una cuchilla horizontal que se encuentra en la base del cortacésped y que es la que corta la hierba contra una cuchilla fija. En la parte posterior del aparato se halla un colector en forma de bolsa para la hierba que va recogiendo la que se corta. Al mismo tiempo que hace girar las cuchillas, el motor impulsa también las ruedas traseras, provocando el avance del cortacésped. Los engranajes sirven para garantizar que la cuchilla horizontal gire más rápidamente que las ruedas, de tal modo que toda la hierba quede limpiamente cortada antes de que el cortacésped pase de largo.

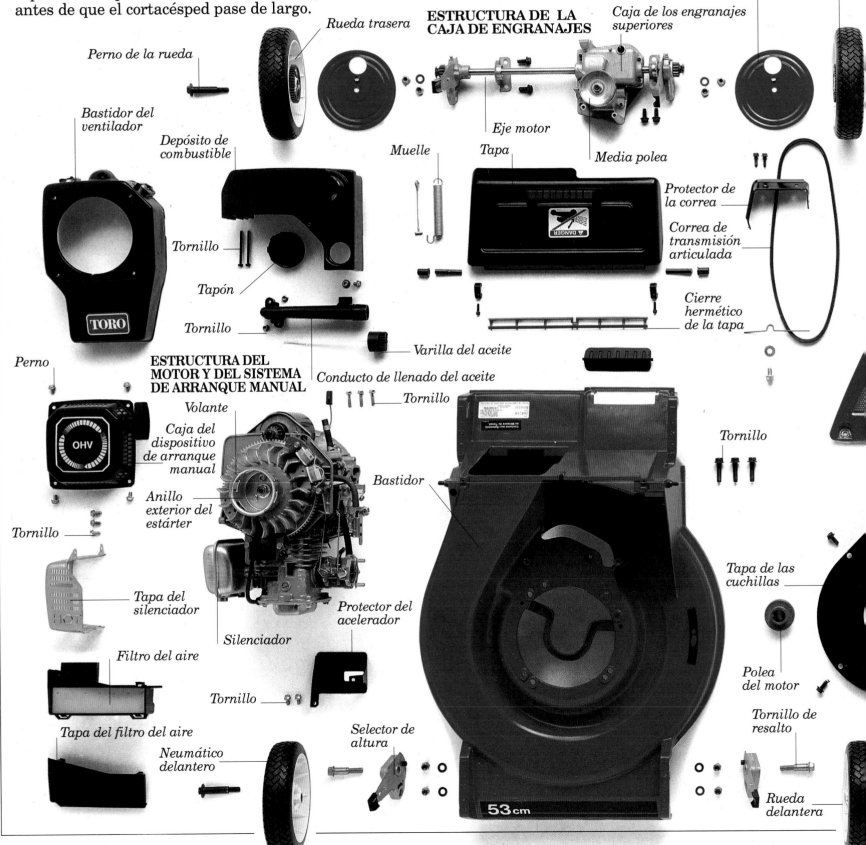

Neumático trasero

Tapa de la rueda

Rueda trasera

ESTRUCTURA DE LA CAJA DE ENGRANAJES

Caja de los engranajes superiores

Perno de la rueda

Bastidor del ventilador

Depósito de combustible

Eje motor

Muelle

Tapa

Media polea

Protector de la correa

Correa de transmisión articulada

Tornillo

Tapón

Tornillo

Varilla del aceite

Cierre hermético de la tapa

Perno

ESTRUCTURA DEL MOTOR Y DEL SISTEMA DE ARRANQUE MANUAL

Conducto de llenado del aceite

Tornillo

Volante

Caja del dispositivo de arranque manual

Tornillo

Anillo exterior del estárter

Bastidor

Tornillo

Tornillo

Tapa del silenciador

Protector del acelerador

Tapa de las cuchillas

Silenciador

Filtro del aire

Tornillo

Polea del motor

Tapa del filtro del aire

Selector de altura

Neumático delantero

Tornillo de resalto

Rueda delantera

53 cm

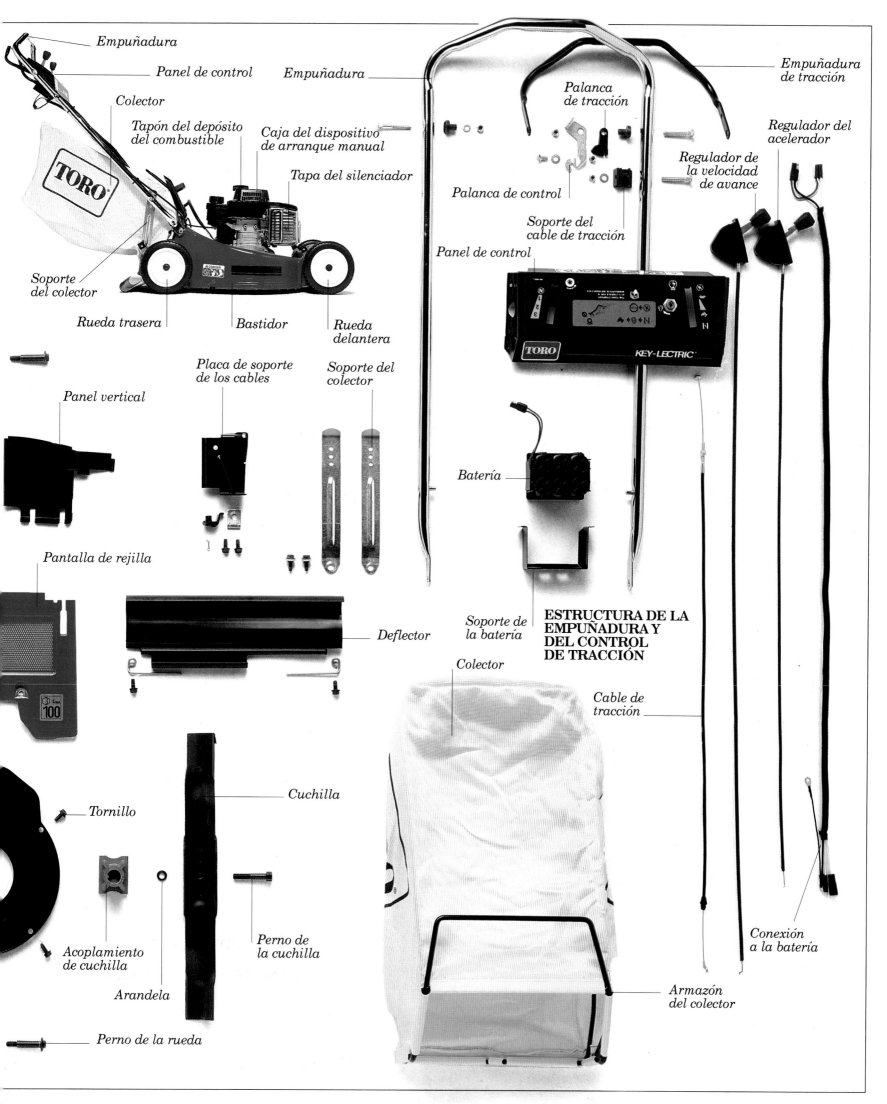

Empuñadura

Panel de control

Empuñadura

Empuñadura
de tracción

Colector

Palanca
de tracción

Regulador del
acelerador

Tapón del depósito
del combustible

Caja del dispositivo
de arranque manual

Regulador de
la velocidad
de avance

Tapa del silenciador

Palanca de control

Soporte del
cable de tracción

Soporte
del colector

Panel de control

Rueda trasera

Bastidor

Rueda
delantera

Placa de soporte
de los cables

Soporte del
colector

Panel vertical

Batería

Pantalla de rejilla

Deflector

Soporte de
la batería

ESTRUCTURA DE LA
EMPUÑADURA Y
DEL CONTROL
DE TRACCIÓN

Colector

Cable de
tracción

Cuchilla

Tornillo

Acoplamiento
de cuchilla

Perno de
la cuchilla

Conexión
a la batería

Arandela

Armazón
del colector

Perno de la rueda

51

Silla de montar

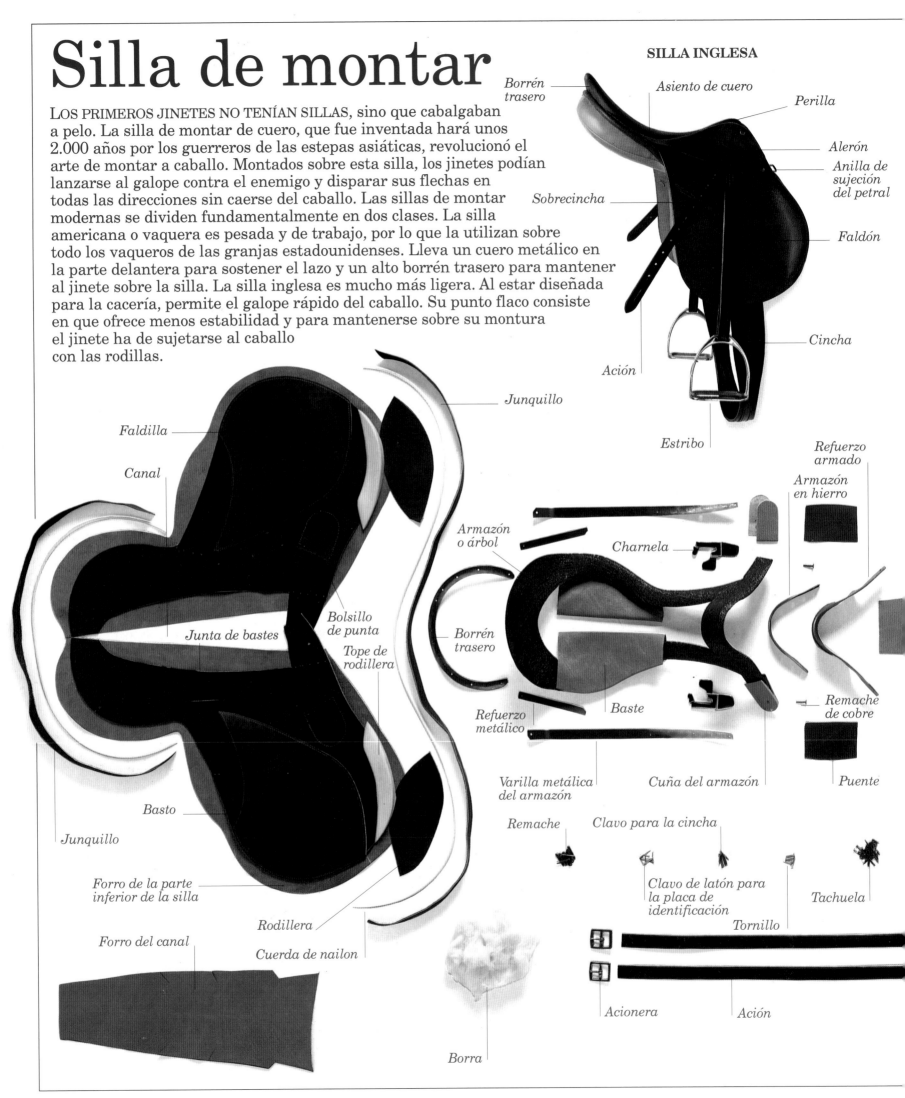

LOS PRIMEROS JINETES NO TENÍAN SILLAS, sino que cabalgaban a pelo. La silla de montar de cuero, que fue inventada hará unos 2.000 años por los guerreros de las estepas asiáticas, revolucionó el arte de montar a caballo. Montados sobre esta silla, los jinetes podían lanzarse al galope contra el enemigo y disparar sus flechas en todas las direcciones sin caerse del caballo. Las sillas de montar modernas se dividen fundamentalmente en dos clases. La silla americana o vaquera es pesada y de trabajo, por lo que la utilizan sobre todo los vaqueros de las granjas estadounidenses. Lleva un cuero metálico en la parte delantera para sostener el lazo y un alto borrén trasero para mantener al jinete sobre la silla. La silla inglesa es mucho más ligera. Al estar diseñada para la cacería, permite el galope rápido del caballo. Su punto flaco consiste en que ofrece menos estabilidad y para mantenerse sobre su montura el jinete ha de sujetarse al caballo con las rodillas.

SILLA INGLESA

Borrén trasero

Asiento de cuero

Perilla

Alerón

Anilla de sujeción del petral

Sobrecincha

Faldón

Cincha

Acción

Estribo

Junquillo

Faldilla

Canal

Refuerzo armado

Armazón en hierro

Armazón o árbol

Charnela

Bolsillo de punta

Junta de bastes

Borrén trasero

Tope de rodillera

Baste

Remache de cobre

Basto

Refuerzo metálico

Cuña del armazón

Puente

Junquillo

Varilla metálica del armazón

Forro de la parte inferior de la silla

Remache

Clavo para la cincha

Rodillera

Clavo de latón para la placa de identificación

Tachuela

Forro del canal

Cuerda de nailon

Tornillo

Acionera

Acción

Borra

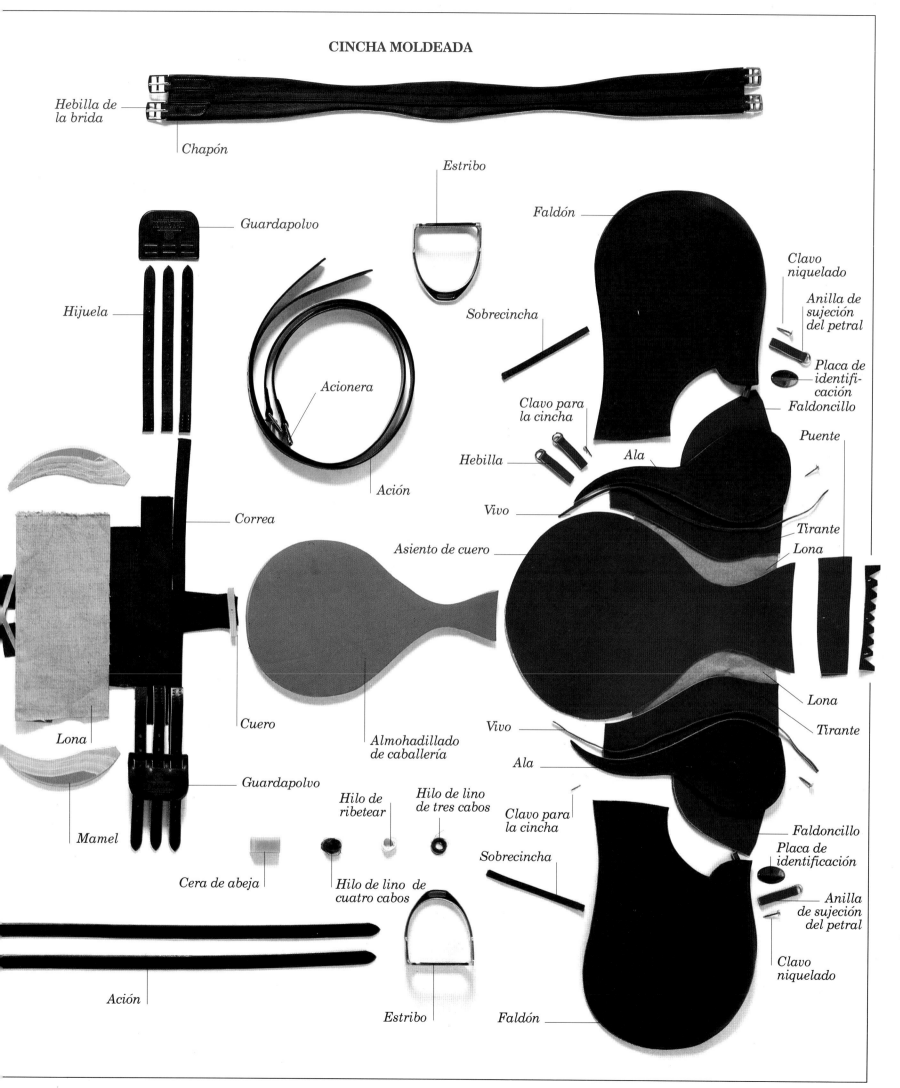

CINCHA MOLDEADA

Hebilla de la brida

Chapón

Guardapolvo

Hijuela

Estribo

Faldón

Clavo niquelado

Anilla de sujeción del petral

Placa de identificación

Sobrecincha

Faldoncillo

Acionera

Clavo para la cincha

Puente

Hebilla

Ala

Acción

Vivo

Correa

Asiento de cuero

Tirante

Lona

Cuero

Vivo

Lona

Almohadillado de caballería

Ala

Tirante

Lona

Guardapolvo

Mamel

Faldoncillo

Hilo de ribetear

Hilo de lino de tres cabos

Clavo para la cincha

Placa de identificación

Sobrecincha

Cera de abeja

Hilo de lino de cuatro cabos

Anilla de sujeción del petral

Clavo niquelado

Acción

Estribo

Faldón

Cafetera exprés

UNA CAFETERA EXPRÉS HACE café especialmente fuerte. Para extraer todo su sabor, fuerza el paso de agua muy caliente a presión a través del polvo de granos de café tostados y finamente molidos. Primero hay que verter agua en la caldera hasta alcanzar el nivel adecuado (la altura del agua se puede ver en el nivel). Luego se pone en marcha el aparato y la resistencia hierve el agua. Cuando sale el vapor por la válvula de expulsión del vapor, el aparato está listo para hacer el café. Los granos molidos se pueden medir en el cacillo, que tiene su propio soporte o porta. Dicho soporte se coloca en el fondo del cuerpodel grupo, que es el que encauza el agua caliente de la caldera hasta el café. Entonces se coloca una taza bajo las salidas. Al levantar la palanca, se abre una válvula que permite el paso del agua caliente al cuerpo del grupo, mientras que según va bajando la palanca, el agua pasa a presión a través del café molido hasta alcanzar las salidas y caer finalmente a la taza. Por otra parte, si se coloca una jarra de leche bajo el vaporizador y se abre su grifo, se puede también calentar la leche y hacer espuma para elaborar un capuchino como el de los italianos.

Llave de grifo

Tapón de la caldera

Tornillo

Casquillo de la llave de grifo

CALDERA

Casquillo del grupo

Arandela

Revestimiento de la caldera

Nivel

Tuerca

Portanivel

Arandela

Protector de nivel

Tuerca

Cable con corriente

Ojal exterior

Resistencia grande

Emplazamiento del interruptor

Cable no polarizado

Ojal interior

Cable de conexión a tierra

Arandela

Resistencia pequeña

Tornillo del calefactor

Cable de conexión a la red

Conexión del positivo

Placa de asiento

CALEFACTOR

Conexión del negativo

VÁLVULA DE EXPULSIÓN DE VAPOR

Tapa de la válvula

Muelle

Rodamiento de bolas

Soporte de la válvula

Vaporizador

Tubo

Tornillo

Arandela

Base

Tapa superior

Contratuerca

GRUPO

Perno

Tapa del grupo

Cuerpo del grupo

Tubo de pesca

Placa del filtro

Boquilla del vaporizador

Marca del fabricante

Cacillo o filtro

Prensa café

PORTA

Mango

Salida

Clip o grupilla

Tuerca

Perno

Palanca

Mango de la palanca

Cuchara de medida

Rejilla para el goteo

Interruptor

Cable del interruptor

Selector de resistencia pequeña o grande

Cable de conexión a tierra

Agujero del tornillo de la placa de asiento

Bandeja para el goteo

Mango de la palanca

Palanca

Llave de grifo

Cuerpo del grupo

Vaporizador

Mango

Revestimiento de la caldera

Salida

Nivel

Rejilla para el goteo

Portanivel

Base

55

Gabardina

LA GABARDINA SE HIZO POPULAR A PRINCIPIOS DE SIGLO, cuando medio millón de soldados las empezaron a llevar con el nombre de trinchera durante la Primera Guerra Mundial. Los abrigos de este tipo mantenían a los combatientes secos y calientes en las gélidas trincheras encharcadas del norte de Francia y Bélgica. El diseño tuvo tanto éxito que después de la guerra también los civiles empezaron a llevarlas. La gabardina, que sigue estando de moda en la actualidad, ha conservado muchas de sus características militares y de protección originales, incluyendo las trabillas para los hombros, el canesú, los puños con cinta y las anillas del cinturón que servían para llevar el equipo. Fue a mediados del siglo XIX cuando Thomas Burberry desarrolló la densa tela asargada e impermeable con la que se fabricaron las primeras gabardinas. Esta tela combinaba la comodidad de los tejidos naturales con una fuerte hilaza que es impermeable antes y después de tejerla, lo que la hace cómoda y capaz de soportar la lluvia.

MANGA DERECHA

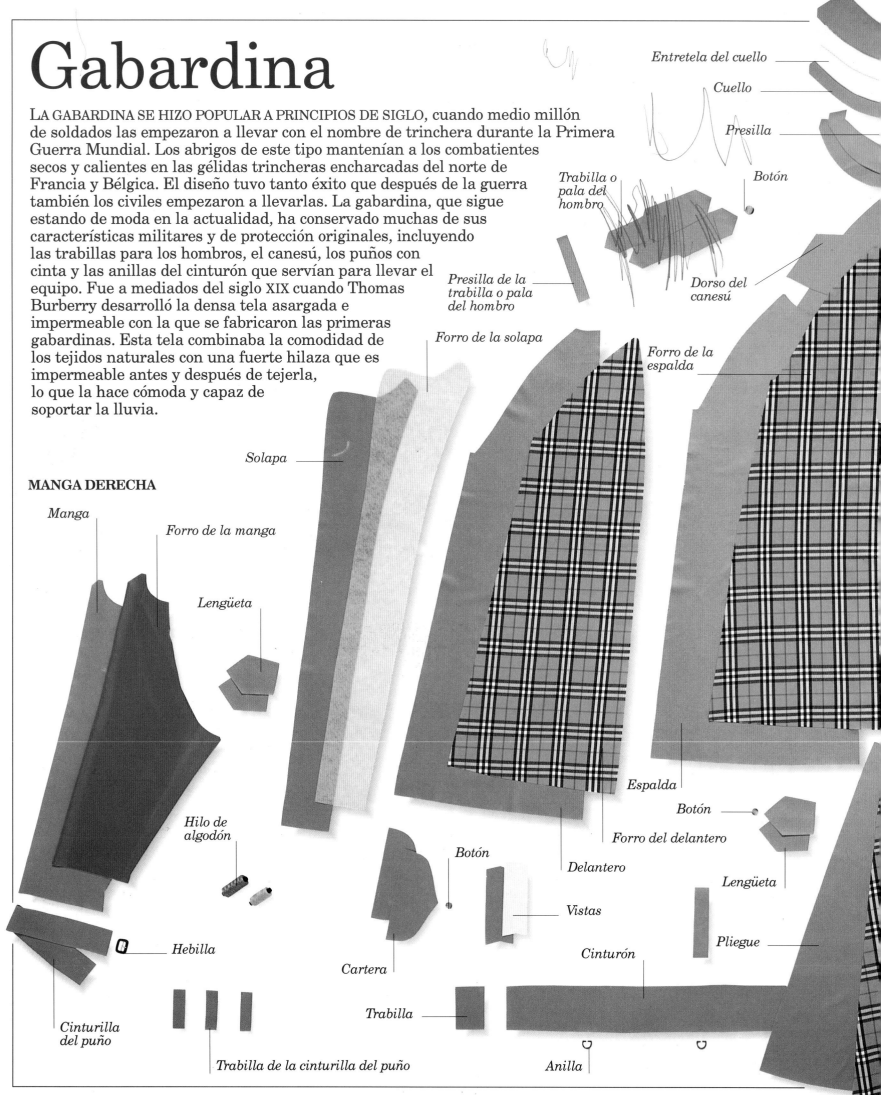

Entretela del cuello

Cuello

Presilla

Botón

Trabilla o pala del hombro

Presilla de la trabilla o pala del hombro

Dorso del canesú

Forro de la solapa

Forro de la espalda

Solapa

Manga

Forro de la manga

Lengüeta

Hilo de algodón

Botón

Delantero

Espalda

Botón

Forro del delantero

Lengüeta

Vistas

Hebilla

Cartera

Cinturón

Pliegue

Cinturilla del puño

Trabilla

Trabilla de la cinturilla del puño

Anilla

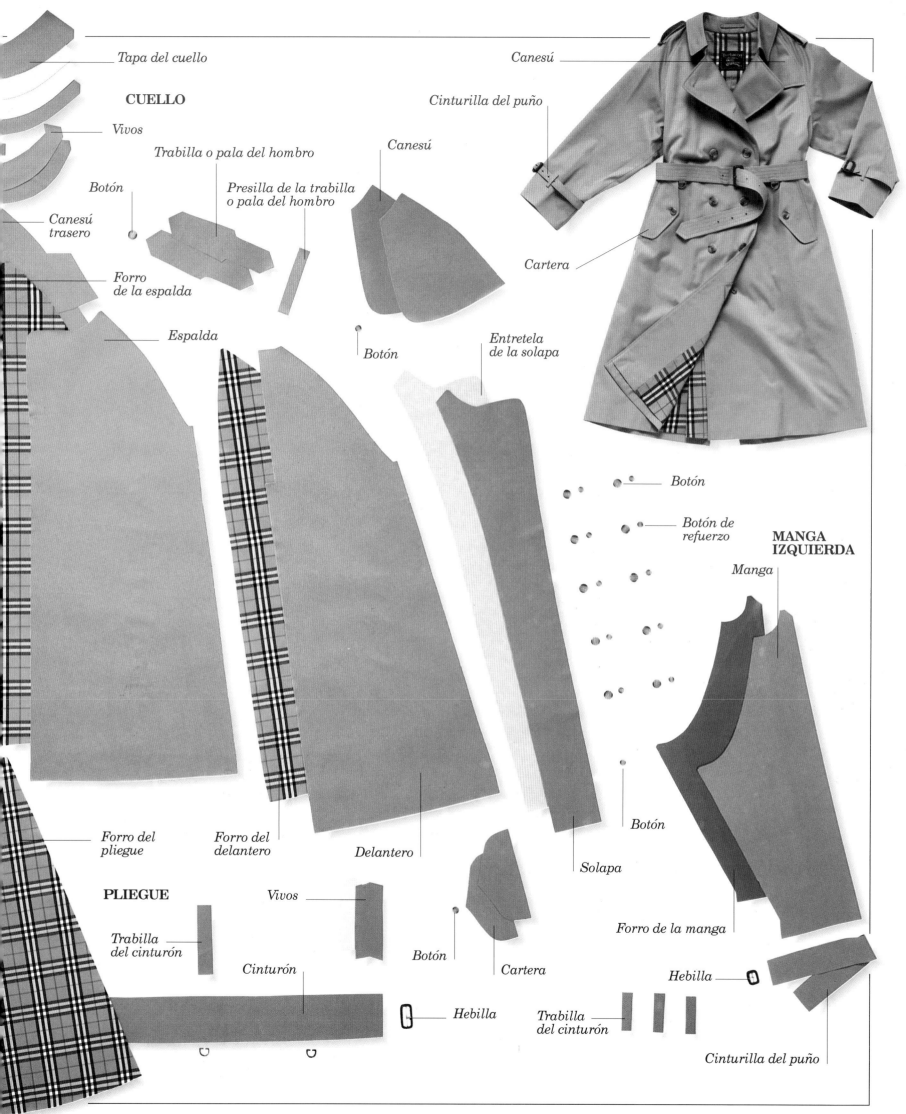

Tapa del cuello

Canesú

CUELLO

Cinturilla del puño

Vivos

Canesú

Trabilla o pala del hombro

Botón

Presilla de la trabilla
o pala del hombro

Canesú
trasero

Forro
de la espalda

Cartera

Espalda

Botón

Entretela
de la solapa

Botón

Botón de
refuerzo

**MANGA
IZQUIERDA**

Manga

Forro del
pliegue

Forro del
delantero

Delantero

Botón

PLIEGUE

Vivos

Solapa

Trabilla
del cinturón

Forro de la manga

Botón

Cartera

Cinturón

Hebilla

Hebilla

Trabilla
del cinturón

Hebilla

Cinturilla del puño

Bicicleta

LAS BICICLETAS SON UNO DE LOS MEDIOS DE TRANSPORTE más populares del mundo. La primera bicicleta impulsada con pedales se construyó en Escocia en 1839. Desde entonces, se ha ido mejorando progresivamente el diseño básico añadiéndole cadena, engranajes y neumáticos. La reciente invención de la bicicleta de montaña ha supuesto una evolución importante. Con su robusto y duro cuadro, anchas ruedas y sus 21 piñones, la bicicleta de montaña que mostramos aquí permite al ciclista recorrer zonas accidentadas y montañosas que hasta ahora eran inaccesibles en bicicleta.

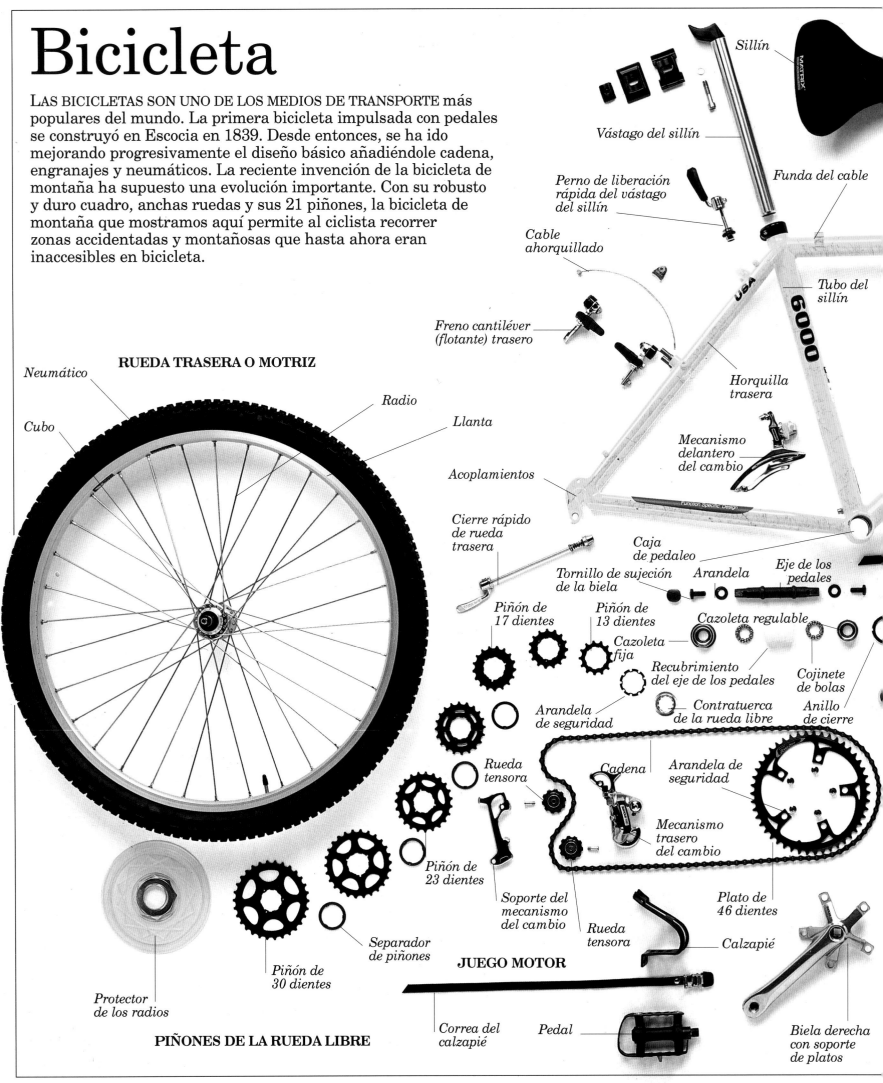

Sillín

Vástago del sillín

Perno de liberación rápida del vástago del sillín

Funda del cable

Cable ahorquillado

Tubo del sillín

Freno cantiléver (flotante) trasero

Horquilla trasera

RUEDA TRASERA O MOTRIZ

Neumático

Radio

Cubo

Llanta

Mecanismo delantero del cambio

Acoplamientos

Cierre rápido de rueda trasera

Caja de pedaleo

Tornillo de sujeción de la biela

Arandela

Eje de los pedales

Piñón de 17 dientes

Piñón de 13 dientes

Cazoleta regulable

Cazoleta fija

Recubrimiento del eje de los pedales

Cojinete de bolas

Arandela de seguridad

Contratuerca de la rueda libre

Anillo de cierre

Rueda tensora

Cadena

Arandela de seguridad

Mecanismo trasero del cambio

Piñón de 23 dientes

Soporte del mecanismo del cambio

Rueda tensora

Plato de 46 dientes

Calzapié

Separador de piñones

JUEGO MOTOR

Piñón de 30 dientes

Protector de los radios

Correa del calzapié

Pedal

Biela derecha con soporte de platos

PIÑONES DE LA RUEDA LIBRE

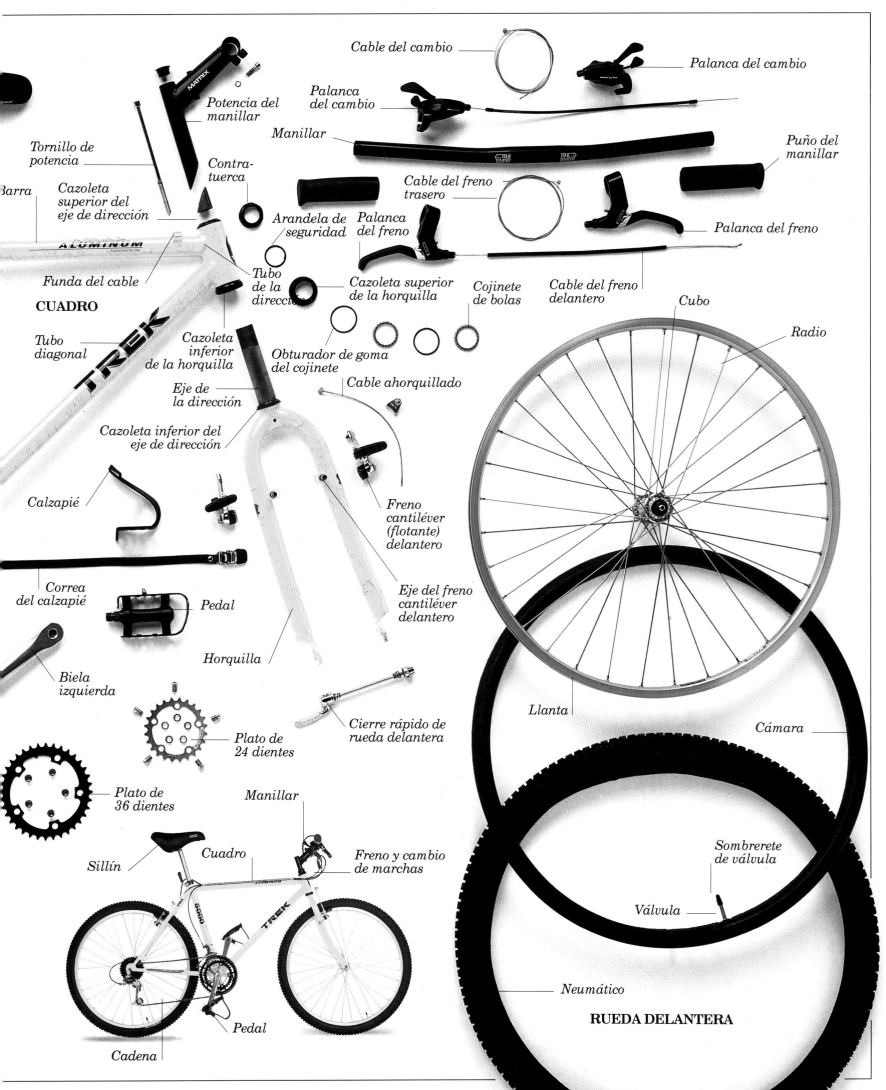

Cable del cambio

Palanca del cambio

Palanca del cambio

Potencia del manillar

Manillar

Puño del manillar

Tornillo de potencia

Contra-tuerca

Barra

Cazoleta superior del eje de dirección

Cable del freno trasero

Funda del cable

Arandela de seguridad

Palanca del freno

Palanca del freno

Cazoleta superior de la horquilla

Cojinete de bolas

Cable del freno delantero

CUADRO

Tubo de la dirección

Cubo

Radio

Tubo diagonal

Cazoleta inferior de la horquilla

Obturador de goma del cojinete

Eje de la dirección

Cable ahorquillado

Cazoleta inferior del eje de dirección

Calzapié

Freno cantiléver (flotante) delantero

Correa del calzapié

Pedal

Eje del freno cantiléver delantero

Biela izquierda

Horquilla

Llanta

Cámara

Cierre rápido de rueda delantera

Plato de 24 dientes

Plato de 36 dientes

Manillar

Sillín

Cuadro

Freno y cambio de marchas

Sombrerete de válvula

Válvula

Pedal

Neumático

Cadena

RUEDA DELANTERA

59

Índice

A

Abertura, 18
Abrazadera del cable, 46
Accesorio amasador, 41
Accesorio batidor, 41
Accionera, 52, 53
Ación, 52, 53
Acoplamiento de cuchilla, 21
Acoplamiento de la pantalla, 33
Acoplamiento del brazo, 33
Acoplamiento del portalámparas, 33
Acoplamiento para la percusión, 20, 21
Acoplamientos, 58
Agalla, 18
Agremán, 9
Aguja de limpieza, 12
Agujero de tornillo
    de maquinilla de afeitar, 25
    de reloj, 6, 7
    de taladradora, 20, 21
Agujero del tornillo de la placa de asiento, 55
Aislante
    de cable de flexo, 32
    de pila, 17
Ajuste de frecuencia horizontal, 37
Ala
    de mosca artificial, 19
    de silla de montar, 53
Alambre, 49
Alambre de despliegue, 48
Alambre de retención, 49
Alambre del anillo móvil, 48
Alambre del casquillo interior, 49
Alerón, 32
Aleta
    de devón, 19
    de plumilla, 13
Alimentador, 13
Almohadilla de la mano, 31
Almohadilla de la pata, 31
Almohadillado de caballería, 53
Altavoz, 37
Ampolla, 32
Áncora, 6
Anilla
    de anzuelo, 18, 19
    de gabardina, 56
Anilla de salida, 18
Anilla de sujeción del petral, 52, 53
Anillo aislante, 32
Anillo de cierre, 58
Anillo de enfoque, 29
Anillo de identificación, 28
Anillo de montaje, 29
Anillo de retención de la base del diafragma, 29
Anillo de retención de la lente frontal, 28
Anillo de retención de la palanca de avance, 29
Anillo de retención de la tapa trasera del objetivo, 28
Anillo de sensibilidades, 29
Anillo de sujeción de engranajes, 18
Anillo exterior de la cubierta, 49
Anillo exterior del estárter, 50
Anillo intermedio, 19
Anillo móvil, 48
Anillo ornamental, 28

Anillo regulador del diafragma, 29
Anillo selector de velocidad de obturación, 28
Anillos de ajuste de deflexión, 36
Ánodo (electrodo negativo), 16, 17
Ánodo de cadmio, separador y cátodo de óxido de níquel, 17
Ánodo de cinc amalgamado, 17
Anzuelo, 19
Anzuelo de pico de loro, 18
Anzuelo recto, 18
Anzuelo triple, 18, 19
Anzuelos, emerillones y plomos, 10
Arandela
    de bicicleta, 58
    de cafetera exprés, 54, 55
    de cámara fotográfica, 29
    de cortacésped, 51
    de flexo, 33
    de magnetófono, 15
    de maleta, 44, 45
    de máquina de escribir, 43
    de maquinilla de afeitar, 24
    de motosierra, 34
    de multirrobot de cocina, 40
    de objetivo fotográfico, 28
    de osito de peluche, 30, 31
    de paraguas, 48, 49
    de silla, 38
    de taladradora, 20, 21
    de teléfono, 11
    de tostadora, 46, 47
Arandela aislante, 17
Arandela de estrella, 43
Arandela de la esfera, 7
Arandela de seguridad
    de bicicleta, 58, 59
    de osito de peluche, 30, 31
Arandela del freno, 18
Arandela del trinquete, 19
Arandela elástica
    de caña de pescar, 18
    de taladradora, 21
Arandela elástica de cierre, 10
Arandela metálica, 17
Árbol, 52
Árbol del áncora, 6
Árbol del barrilete del muelle real, 6
Arco, 21
Armadura acodada del soporte de la casete, 14
Armadura plegable automáticamente, 48
Armazón, 52
Armazón de la silla, 38
Armazón del colector, 51
Armazón del engranaje, 24
Armazón en hierro, 52
Armazón metálico, 45
Articulación
    de cebo artificial, 19
    de horma del zapato, 23
    de paraguas, 49
Asa
    de maleta, 44
    de multirrobot de cocina, 40, 41
Asa de arrastre plegable, 44
Asa de corchete, 9
Asa de la cuchilla (cortadora), 41
Asiento de cuero, 52, 53
Asiento de silla, 38

Aspa, 38
Atravesador, 32, 33
Auricular
    del magnetófono, 15
    del teléfono, 10, 11

B

Bandeja, 41
Bandeja para el goteo, 55
Bandeja para las migas, 46, 47
Barra, 59
Barra portatipos, 3, 42, 43
Barrilete del muelle real, 6
Base
    de cafetera exprés, 55
    de cámara fotográfica, 28
    de maleta, 45
Base de la cabeza, 31
Base del ánodo (polo negativo), 17
Base del diafragma, 29
Baste, 52
Bastidor
    de cortacésped, 50, 51
    de motosierra, 34
Bastidor auxiliar, 42
Bastidor auxiliar del carro, 43
Bastidor del asiento, 39
Bastidor del ventilador, 50
Basto, 52
Bastón, 49
Batería, 51
Batería de plomo de automóvil, 16
Berbiquí, 21
Bicicleta, 58-59
Biela derecha con soporte de platos, 58
Biela izquierda, 59
Bisel, 7
Bloque de escape, 43
Bloque del motor, 40
Bloqueo del sistema de arrastre, 40, 41
Blindaje metálico, 36
Bobina, 37
Bobina de frecuencia intermedia, 37
Bobina deflectora, 36
Bobina inductora, 20
Boca, 30
Bocamanga, 8, 9
Bol de trabajo, 40
Bola, 13
Bolígrafo, 12-13
Bolsillo cortado, 9
Bolsillo de americana, 9
Bolsillo de pecho, 9
Bolsillo de punta, 52
Bolsillo interior, 8
Bolsillo interior con cierre de cremallera, 45
Bolsillo lateral, 8
Bolsillo para zapatos, 45
Bombilla, 32
Boquilla, 12
Boquilla del vaporizador, 55
Borne negativo, 16
Borne positivo, 16
Borra, 52
Borrén trasero, 52
Botón
    de gabardina, 56, 57
    de traje, 9
Botón de bobinado rápido, 14
Botón de la bragueta, 9
Botón de la chaqueta, 9
Botón de la fecha, 14, 15

Botón de lectura, 14
Botón de parada, 14
Botón de puesta en hora del despertador, 14, 15
Botón de rebobinado rápido, 14
Botón de refuerzo, 57
Botón de seguro auto de la abertura, 29
Botón de selección de la cinta, 14
Botón de selección de modalidad de funcionamiento, 15
Botón del puño, 8, 9
Botón para tirante, 8
Brazo, 38, 39
Brazo del áncora, 6
Brazo derecho, 30
Brazo izquierdo, 30
Brazo metálico, 33
Broca, 21
Broche de cierre, 48
Bujía, 34

C

Cabeza
    de berbiquí, 21
    de mosca, 19
Cabeza de puntera, 18
Cabeza de ventilación, 17
Cabeza lectora, 15
Cabezada, 26, 27
Cabezal afeitador, 24
Cable
    de magnetófono, 14
    de teléfono, 11
    de taladradora, 20, 21
Cable ahorquillado, 58, 59
Cable cinta, 11
Cable con corriente, 54
Cable de alta tensión, 37
Cable de cierre de circuito, 32
Cable de conexión a la red
    de cafetera exprés, 54
    de flexo, 32, 33
    de tostadora, 46
Cable de conexión a línea, 11
Cable de conexión a tierra, 54, 55
Cable de conexión del auricular, 15
Cable de tracción, 51
Cable del cambio, 59
Cable del freno delantero, 59
Cable del freno trasero, 59
Cable del interruptor, 55
Cable del microteléfono, 11
Cable filiar blindado, 14
Cable no polarizado, 54
Cacillo, 55
Cadena
    de bicicleta, 58, 59
    de motosierra, 35
Cadena del caracol, 6
Cafetera exprés, 54-55
Caja
    del reloj, 6
    del teclado, 10
Caja de engranajes, 21
Caja de los engranajes superiores, 50
Caja de pedaleo 58
Caja de resonancia, 31
Caja del dispositivo de arranque manual, 50, 51
Caja del interruptor, 32
Caja del motor, 25

Caja del regulador de velocidad de la cinta, 14
Cajo, 26, 27
Caldera, 54
Calefactor, 54
Calzapié, 58, 59
Cámara, 59
Cámara fotográfica, 28-29
Cambrillón de acero, 22, 23
Canal, 52
Candado, 44
Canesú, 57
Canesú trasero, 57
Cantonera
    de libro, 26
    de maleta, 45
Cantonera en bocací, 26, 27
Cantonera superior, 44
Caña, 18
Caña de pescar, 18-19
Cañón de electrones, 36
Capacitor
    de maquinilla de afeitar, 25
    de mini televisor, 37
    de teléfono, 11
Capacitor de inducción electromagnética, 20
Capacitor electrolítico, 36
Caperuza de plástico, 37
Caperuza del interruptor
    de flexo, 32
    de mini televisor, 37
Capuchón
    de bolígrafo, 12, 13
    de pluma, 12, 13
Capuchón interior, 13
Caracol, 6
Carburador, 34
Carcasa
    de máquina de escribir, 42
    de multirrobot de cocina, 40
Carrete de la cinta, 42, 43
Carrete de tambor fijo, 18
Carrete multiplicador de tambor giratorio, 18
Carrete dador, 15
Carrete receptor
    de cámara fotográfica, 28
    de magnetófono, 15
Carretes, 18
Carro, 43
Cartera, 56, 57
Cartera de botones, 9
Cartera de ojales, 9
Cartera del bolsillo, 9
Cartera y forro del bolsillo, 8, 9
Cartón para la tapa delantera, 26, 27
Cartón para la tapa posterior, 27
Casco con auriculares, 15
Casquete, 32
Casquillo, 32, 33
Casquillo de fijación, 19
Casquillo de grupo, 54
Casquillo de la llave de grifo, 54
Casquillo de montaje, 23
Casquillo de retención, 49
Casquillo del tornillo del sujetador, 13
Casquillo del tubo de rayos catódicos, 36
Casquillo inferior, 48, 49
Casquillo interior, 49
Casquillo negativo, 17
Casquillo positivo, 17
Cátodo, 17
Cátodo (electrodo positivo), 16

Cátodo de bióxido de manganeso y grafito, 16
Cazoleta fija, 58
Cazoleta inferior de la horquilla, 59
Cazoleta inferior del eje de dirección, 59
Cazoleta regulable, 58
Cazoleta superior de la horquilla, 59
Cazoleta superior del eje de dirección, 59
Células fotovoltaicas, 15
Cera de abeja, 53
Cerillera, 8
Cierre, 8
Cierre hermético de la tapa, 50
Cierre interior, 45
Cierre rápido de rueda delantera, 59
Cierre rápido de rueda trasera, 58
Cilindro, 34
Cincha
    de silla, 39
    de silla de montar, 32
Cincha moldeada, 53
Cinta
    de libro, 26, 27
    de máquina de escribir, 3, 43
    de mini televisor, 36
    de paraguas,, 48
Cinta elástica, 45
Cinturilla del puño, 56, 57
Cinturón, 56, 57
Circuito integrado, 11
Circuito integrado de control del motor, 14
Circuito integrado del amplificador de distorsión trapezoidal, 36
Circuito integrado principal, 14
Clases de lápices, plumas y bolígrafos, 12
Clavija
    de silla, 38
    de teléfono, 11
Clavija acodada, 14
Clavija de conexión, 36
Clavija de madera, 6
Clavo, 49
Clavo de latón para la placa de identificación, 52
Clavo niquelado,, 53
Clavo para la cincha, 52, 53
Clip
    de cafetera exprés, 55
    de máquina de escribir, 42, 43
    de motosierra, 34
Codo, 33
Cojinete de agujas, 35
Cojinete de bolas, 58, 59
Cola, 19
Colector
    de cortacésped, 51
    de pluma estilográfica, 13
    de taladradora, 20
Collar de cuero, 30
Collar del eje de rebobinado, 29
Compartimento de las pilas, 36
Conducto ancho de llenado, 41
Conducto de llenado, 40
Conducto de llenado del aceite, 50
Conductor de cobre, 32
Conector

60

de bolígrafo, 13
de tostadora, 46
Conexión, 25
Conexión a corriente, 25
Conexión a la batería, 51
Conexión con el motor
de maquinilla de afeitar, 25
de multirrobot de cocina, 40
Conexión de barra portatipos, 42, 43
Conexión de la antena, 36
Conexión de la tecla de mayúsculas, 43
Conexión de la tecla de retroceso, 42
Conexión del cable a la línea, 11
Conexión del cable del microteléfono, 11
Conexión del mecanismo de arrastre, 43
Conexión del negativo, 54
Conexión del positivo, 54
Conexión estereofónica, 14
Conexión principal, 20
Cono, 23
Conjunto del motor, 15
Conmutador, 11
Consola de montaje, 36
Contacto de carbono, 10
Contacto de presión, 32
Contacto del negativo de las pilas, 15
Contacto del teclado numérico, 11
Contacto protector de las pilas, 14
Contactos de la zapata, 29
Contactos de las pilas, 36
Contador de exposiciones, 28, 29
Contera
de caña de pescar,, 19
de paraguas, 49
Contrafuerte, 22, 23
Contrafuerte endurecedor, 23
Contratuerca
de bicicleta, 59
de cafetera exprés, 55
de caña de pescar, 19
de motosierra, 34
Contratuerca de ajuste, 33
Contratuerca de la rueda libre, 38
Contravarilla, 49
Control de enfoque, 37
Control de volumen, 14
Cordón
de depósito de aceite, 35
de depósito de combustible, 34
de zapato, 22, 23
Corona de arrastre, 34
Correa
de maleta, 44, 45
de silla de montar, 53
Correa de rebobinado rápido, 15
Correa de transmisión, 40
Correa de transmisión articulada, 50
Correa del cabrestante, 15
Correa del calzapié, 58, 59
Cortacéspedes, 50-51
Cortadoras y ralladoras, 41
Cortapatillas, 25
Corte delantero, 26, 27
Corte transversal de pila con formato de botón, 17

Corte transversal de zapato acabado, 22
Cortinillas del obturador, 28
Costura, 48
Cremallera, 45
Cremallera del marginador, 43
Cuadro, 59
Cubierta, 48, 49
Cubierta anterior de la caja, 15
Cubierta de acero inoxidable, 47
Cubierta de la caja del interruptor, 32
Cubierta de la rueda, 45
Cubierta del anillo móvil, 48
Cubierta del auricular, 10
Cubierta del barrilete del muelle real, 6
Cubierta del cabezal afeitador, 24
Cubierta del engranaje, 24
Cubierta del micrófono, 10
Cubierta del objetivo, 28
Cubierta del portapilas, 28
Cubierta del teclado, 14
Cubierta del tubo de rayos catódicos, 36
Cubierta frontal del microteléfono, 10
Cubierta posterior de la caja, 14
Cubierta posterior del microteléfono, 11
Cubierta superior, 29
Cubo, 58, 59
Cuchara de medida, 55
Cuchilla
de cortacésped, 51
de maquinilla de afeitar, 24
de motosierra, 35
de navaja barbera, 24
Cuchilla cortadora, 41
Cuchilla de patatas, 41
Cuchilla para lonchas, 41
Cuchillas del cortapatillas, 25
Cuello
de gabardina, 56, 57
de maquinilla de seguridad, 24
de traje, 9
Cuello del tubo (de rayos catódicos), 35
Cuerda de arranque, 34
Cuerda de arrastre del carro, 43
Cuerda de nailon, 52
Cuero, 53
Cuerpo
de cámara fotográfica, 2
de lápiz, 12
de maleta, 44, 45
de mosca, 19
de osito de peluche, 30
de portalámparas, 32
Cuerpo del grupo, 55
Cuerpo principal del objetivo, 29
Cuerpo sin relleno, 30
Cuña, 23
Cuña del armazón, 52

CH

Chapón, 53
Chaqueta, 8
Charnela, 52
Chasis, 14
Chaussé, 7

D

Deflector, 51
Delantero
de gabardina, 56, 57
de traje, 8, 9
Delantero derecho del pantalón, 8
Delantero izquierdo del pantalón, 9
Depósito, 13
Depósito de combustible, 50
Detalle ornamental, 38
Devón articulado, 19
Devón fijo, 19
Devones, 19
Dial, 7
Dientes de arrastre, 28
Diodo, 11
Dirección seguida por la corriente, 16
Disco, 30
Disco de embrague, 35
Disco de la pata, 31
Disco de tope, 49
Disco del brazo, 31
Disco del cuello, 31
Disco del freno, 18
Disco selector del obturador, 29
Disparador, 28, 29
Dispositivo de arranque del cortapatillas, 25
Distribuidor de la mina, 12
Dorso del canesú, 56
Dorso del papel jaspeado, 27

E

Eje, 21
Eje de arrastre de la cinta, 43
Eje de la dirección, 59
Eje de los pedales, 58
Eje de rebobinado, 29
Eje del freno cantiléver delantero, 59
Eje del inducido, 20
Eje motor
de cortacésped, 50
de la batidora, 41
de maquinilla de afeitar, 24
de multirrobot de cocina, 40
Electrolito, 16
Elevador de cinta, 43
Embellecedor
de cámara fotográfica, 29
de pluma estilográfica, 13
Embellecedor del filtro, 37
Embrague, 15
Emerillón, 19
Emerillones de barril, 18
Empalme soldado, 11
Emplazamiento de la caja de engranajes, 20
Emplazamiento del acoplamiento para la percusión, 20
Emplazamiento del contador de exposiciones, 29
Emplazamiento del depósito, 34
Emplazamiento del disco de freno, 19
Emplazamiento del interruptor
de cafetera exprés, 54
de maquinilla de afeitar, 25
de taladradora, 20

Emplazamiento del motor, 20
Emplazamiento del pulsador de rebobinado, 29
Emplazamiento del ventilador, 34
Empujador, 41
Empujador y vaso medidor, 41
Empuñadura
de berbiquí, 21
de caña de pescar, 18
de cortacésped, 50, 51
Empuñadura de arranque, 34, 35
Empuñadura de tracción, 51
Empuñadura delantera, 35
Empuñadura lateral, 21
Empuñadura trasera, 35
Encuadernación a la holandesa o de media pasta, 26
Encuadernación inglesa, 26, 27
Enchufe
de conexión a la red, 36
de los auriculares
de magnetófono, 14
de maquinilla de afeitar, 24, 25
de mini televisor, 36
de teléfono, 11
Enchufe hembra, 24, 25
Engranaje, 24
Engranaje de arrastre de la cinta, 43
Engranaje de bobinado rápido, 15
Engranaje del disco tensor, 15
Engranaje del eje motor, 40
Engranaje de tracción del sintonizador, 36
Engranaje multiplicador, 18
Engranaje transmisor, 6
Ensamblaje del conmutador, 11
Entresuela, 22, 23
Entretela, 8, 9
Entretela de la solapa, 57
Entretela del cuello
de gabardina, 56
de traje, 9
Entretela del hombro, 8, 9
Escala de distancias (focal), 29
Escala del tarjetero, 43
Escala de sensibilidades, 29
Escala de velocidades, 40
Escala graduada, 40
Escobilla, 20
Escuadra, 32
Esfera del reloj, 7
Espaciador, 42
Espada, 35
Espalda
de gabardina, 56, 57
de traje, 8, 9
Espátula, 41
Espiga
de flexo, 33
de silla, 38, 39
Espiga roscada en ambos extremos, 38, 39
Estampación en oro, 26, 27
Estrías, 19
Estribo, 52, 53
Estructura de la base, 28
Estructura de la caja de engranajes, 50
Estructura de la cubierta superior, 28
Estructura de la empuñadura

y del control de tracción, 51
Estructura del anzuelo, 18
Estructura del bastidor, 42
Estructura del bastón, 49
Estructura del brazo de apoyo, 33
Estructura del mecanismo de expulsión, 47
Estructura del motor, 20
Estructura del motor y del sistema de arranque manual, 50
Estructura del objetivo, 28
Estructura del péndulo, 6
Estructura del torno, 33
Estructura frontal de cámara, 28
Estuche de acero, 16
Estuche de acero exterior, 16
Estuche de acero niquelado, 17
Etiqueta de identificación, 44
Exterior de la funda, 25
Exterior del lateral deslizante, 25
Extremo del bolígrafo, 13
Extremo del mango, 19

F

Faldilla, 52
Faldón, 52, 53
Faldoncillo, 53
Falso de la solapa, 9
Falso del puño, 8, 9
«Faston», 46
Fijación de la cuchilla, 41
Fijación del árbol del áncora, 6
Filamento, 32
Filete de latón, 38
Filtro
de cafetera exprés, 55
de televisor, 37
Filtro de la pantalla, 37
Filtro del aire
de cortacésped, 50
de motosierra, 34
Filtro de la pantalla, 37
Flexo, 32-33
Forro
de libro, 26, 27
de traje, 8, 6
de zapato, 22
Forro de la espalda
de gabardina, 56, 57
de traje, 8, 9
Forro de la lengüeta, 22
Forro de la manga, 56, 57
Forro de la oreja, 22
Forro de la oreja y del contrafuerte, 23
Forro de la pala y la puntera, 22
Forro de la parte inferior de la silla, 52
Forro de la solapa, 56
Forro de percal, 39
Forro del bolsillo, 8
Forro del canal, 52
Forro del delantero
de gabardina, 56, 57
de traje, 8, 9
Forro del pliegue, 57
Forro del puño, 8, 9
Forro interior, 39
Freno cantiléver (flotante) delantero, 59

Freno cantiléver (flotante) trasero, 58
Freno centrífugo, 18
Freno de estrella, 18
Freno mecánico, 18
Freno y cambio de marchas, 59
Frontispicio, 27
Funda aislante, 46, 47
Funda del asiento, 39
Funda del cable, 58, 59.
Funda del motor, 20
Funda de plástico, 37
Funda de transporte, 14
Fusible de seguridad de resistor, 25

G

Gabardina, 56-57
Gancho del árbol del barrilete, 6
Gatillo de escape, 43
Gavilán, 13
Globo, 32
Goma de borrar, 12
Grafito, 12
Grupilla
de cafetera exprés, 55
de máquina de escribir, 42, 43
de motosierra, 34
Grupo, 55
Grupo de lentes frontales, 28
Grupo de lentes posteriores, 29
Guarda, 26, 27
Guardamanos, 35
Guardapolvo, 53
Guardapuntas, 12
Guarnición, 44, 45
Guarnición del asa, 44
Guarnición del enchufe del auricular, 14
Guata, 8, 9
Guía del sedal, 19
Guía hilos, 18
Guiatipos, 42

H

Hebilla
de gabardina, 56, 57
de la brida, 53
de latón, 30
de silla de montar, 53
Herraje, 44
Herrete, 22
Hijuela, 53
Hilo
de algodón
de gabardina, 56
de libro, 27
de paraguas, 49
de zapato, 23
Hilo de entrada
Hilo de lino de cuatro cabos, 53
Hilo de lino de tres cabos, 53
Hilo de ribetear, 53
Hilo fino para partes del cuerpo, 31
Hilo grueso para nariz, boca y manos, 31
Hilván, 8
Hoja de doble filo, 24
Hombrera, 8, 9
Horario, 7
Horma, 23

Horquilla, 59
Horquilla trasera, 58

I

Imán de centrado, 36
Indicador de carga
  de cámara fotográfica, 29
  de maquinilla de afeitar,
  24, 25
Indicador de hora en punto, 7
Indicador de los minutos, 7
Indicador del dial, 36
Indicador del fusible de seguridad, 40
Indicador del selector de obturador, 29
Indicador de nivel de batería,
  24, 25
Indicador de puesta en
  marcha
  de magnetófono, 14
  de maquinilla de afeitar, 25
Inducido, 20
Interior, 9
Interior de la funda, 25
Interior de la maleta, 45
Interior de la oreja, 22
Interior del lateral deslizante,
  25
Interruptor
  de cafetera exprés, 55
  de maquinilla de afeitar, 24
  de mini televisor, 37
  de multirrobot de cocina, 40
  de taladradora eléctrica, 20,
  21
Interruptor de seguridad, 40
Interruptor del timbre, 11
Interruptor pulsador, 32

J

Juego motor, 58
Junquillo, 52
Junta aislante, 17
Junta de bastes, 52
Junta de magnetófono, 14
Junta de nailon, 17

L

Labio, 13
Laminilla del diafragma, 29
Lápices, 12-13
Lápiz, 12
Lápiz estilográfico, 12
Lateral, 44
Lateral derecho de la cabeza,
  30
Lateral derecho de la espalda,
  31
Lateral derecho del cuerpo, 28
Lateral derecho del delantero,
  31
Lateral izquierdo de la cabeza,
  30
Lateral izquierdo de la espalda, 31
Lateral izquierdo del cuerpo,
  28
Lateral izquierdo del delantero, 31
Lengüeta
  de anzuelo, 18
  de gabardina, 56
  de zapato, 22
Lenteja, 6
Libros, 26-27

Lista de número, 10
Logotipo, 44
Lomera, 26
Lomo, 26, 27
Lona, 53

LL

Llanta, 58, 59
Llave, 44
Llave de apriete, 21
Llave de grifo, 54, 55
Llave de la trampilla inferior,
  6
Llave para dar cuerda, 6

M

Madera, 12
Magnetófono de bolsillo, 14-15
Maleta, 44-45
Mamel, 51
Mando de ajuste, 41
Mando de control del volumen, 37
Mando de rebobinado y apertura del respaldo de cámara, 28, 29
Mando del freno, 19
Mando del sintonizador, 36
Mando del termostato, 46, 47
Mando regulador del volumen,
  14
Mandos de control, 40
Mando selector, 46, 47
Mandril, 21
Manecilla de las horas, 7
Manga, 56, 57
Manga derecha
  de gabardina, 56
  de traje, 8
Manga izquierda
  de gabardina, 57
  de traje, 9
Mango
  de bolígrafo, 13
  de cafetera exprés, 55
  de caña de pescar, 18
  de maquinilla de seguridad,
  24
  de navaja barbera, 24
  de taladro de mano, 21
Mango de la palanca, 55
Manguito, 21
Manillar, 59
Manivela, 18, 19
Manivela de rebobinado, 28,
  29
Mano derecha, 30
Mano izquierda, 30
Manubrio, 21
Máquina de escribir, 42-43
Maquinilla de seguridad, 24
Maquinillas de afeitar, 24-25
Marca del fabricante, 55
Marco de madera, 7
Marco portabolas del cojinete,
  43
Marginador, 43
Mecanismo de bajada, 13
Mecanismo de control, 40
Mecanismo de engranajes, 21
Mecanismo de la cinta, 43
Mecanismo de trinquete
  de caña de pescar, 18
  de taladradora, 21
Mecanismo del interruptor, 20

Mecanismo trasero del cambio, 58
Media palmilla trasera, 22, 23
Media polea, 50
Mejilla, 19
Membrana del teclado, 10
Micrófono, 10, 11
Microteléfono, 10, 11
Mina, 12
Mini televisor portátil, 36-37
Minutero, 7
Módulo de encendido, 34
Moldura ornamental, 37
Montura de escobilla de carbón, 25
Montura del objetivo, 28
Mordaza, 21
Mordaza inferior del torno, 33
Mordaza superior del torno, 33
Mordiente, 18
Mortaja, 38, 39
Mortaja del travesaño del respaldo, 38, 39
Mosca ahogada, 19
Mosca seca, 4, 19
Moscas artificiales, 19
Motor
  de maquinilla de afeitar, 25
  de multirrobot de cocina, 40
Motor eléctrico, 40
Motosierra, 34-35
Móvil de centro, 6
Móvil de escape, 6
Móvil de tercero, 6
Muelle
  de bolígrafo, 13
  de cafetera exprés, 55
  de cortacésped, 50
  de lápiz estilográfico, 12
  de magnetófono, 14
  de máquina de escribir, 42,
  43
  de maquinilla de afeitar,
  24, 25
  de taladradora, 20
  de tostadora, 47
Muelle de alambre, 25
Muelle de liberación de la bobina, 19
Muelle de montaje de la palanca de avance, 29
Muelle de retenida, 18
Muelle de sujeción, 48
Muelle de sujeción del prisma,
  29
Muelle de tope, 49
Muelle del bloqueo del sistema
  de arrastre, 40
Muelle del capuchón, 13
Muelle del selector del obturador, 29
Muelle helicoidal de tracción,
  33
Muelle (resorte) inferior, 48, 49
Muelle real, 6
Muelle recuperador, 11
Muelle (resorte) superior, 48,
  49
Muelle suspendedor, 6
Muelle tensor, 6
Multirrobot de cocina, 40-41
Muselina de encuadernar, 26,
  27

N

Nariz, 30
Navaja barbera, 24
Nervio, 26, 27
Nesga, 48, 49
Neumático, 58, 59

Neumático delantero, 50
Neumático trasero, 50
Nivel, 54, 55
Nombre del fabricante, 7
Núcleo de carbón microporoso, 17
Numeración romana, 7
Número de extensión, 11

O

Obturador de aire, 17
Obturador de goma del cojinete, 59
Ocular del visor, 28, 29
Ojal de torzal, 9
Ojal exterior, 54
Ojal interior, 54
Ojal para la correa, 28, 29
Ojete, 23
Ojo
  de osito de peluche, 30
  de plumilla, 13
Oreja
  de osito de peluche, 30
  de zapato, 22, 23
Oreja derecha, 30
Orificio central, 7
Orificio de la llave de apriete,
  21
Orificio de la sujeción de platina, 7
Orificio del pasador de sujeción, 6
Orificio del pie de la esfera, 7
Orificio para dar cuerda, 7
Osito de peluche, 30-31

P

Pala
  de gabardina, 56, 57
  de zapato, 22
Palanca, 55
Palanca de accionamiento del
  cortapatillas, 24
Palanca de avance de la película, 29
Palanca de barra portatipos,
  43
Palanca de bloqueo, 20
Palanca de bloqueo del sistema de arrastre, 40
Palanca de control
  de cortacésped, 51
  de motosierra, 34
Palanca de expulsión, 47
Palanca de interlineado, 3, 42
Palanca de liberación de la bobina, 19
Palanca de liberación del objetivo, 28, 29
Palanca de liberación del papel, 43
Palanca de parada automática, 15
Palanca de tracción, 51
Palanca de selección de la cinta, 15
Palanca del cambio, 59
Palanca del conmutador, 11
Palanca del freno, 59
Palanca intermediaria de la tecla de retroceso, 43
Palanca intermediaria del interlineado, 42
Paleta ajustable, 19
Palillero, 12, 13

Panel de control
  de cortacésped, 50, 51
  de multirrobot de cocina, 40
Panel vertical, 51
Pantalones, 8
Pantalla de rejilla, 51
Pantalla metálica, 32, 33
Papel electroporoso, 17
Papel jaspeado, 25
Papel Manila, 26
Paraguas, 48-49
Paraguas plegable, 48
Paraguas rígido, 49
Parche, 49
Parche con el logotipo, 44
Parche protector, 49
Parte anterior de la caja, 37
Parte anterior de la oreja derecha, 30
Parte anterior de la oreja izquierda, 30
Parte delantera del filtro de
  aire, 34
Parte delantera del silenciador, 35
Parte posterior de la caja
  de minitelevisor, 36
  de reloj, 6
Parte posterior de la oreja derecha, 30
Parte posterior de la oreja izquierda, 30
Parte superior del cuerpo, 31
Parte trasera del filtro de aire,
  34
Parte trasera del silenciador,
  35
Partes anterior, superior y posterior de la cabeza, 30
Pasador
  de maleta, 44
  de reloj, 7
Pasador de retención, 18
Pasamanes, 9
Pata de goma
  de multirrobot de cocina, 41
  de teléfono, 11
  de tostadora, 46, 47
Pata derecha, 30, 31
Pata derecha cóncava, 38
Pata izquierda, 30, 31
Pata izquierda cóncava, 38, 39
Pata trasera, 38, 39
Pedal, 58, 59
Pegamento, 37
Peine, 24
Pentaprisma, 29
Pepitilla, 36
Perilla, 52
Perilla de control manual del
  rodillo, 3, 43
Perno
  de cafetera exprés, 55
  de cortacésped, 50
  de máquina de escribir, 43
  de tostadora, 46
Perno de la cuchilla, 51
Perno de la rueda,, 50, 51
Perno de liberación rápida del
  vástago del sillín, 58
Perno del retén del muelle, 33
Picadura, 22
Picú, 18
Pie, 26
Pie del carrete, 18, 19
Pila, 28
Pila alcalina, 17
Pila alcalina de botón, 17

Pila de despolarización por
  aire, 17
Pila de litio manganeso, 17
Pila de litio manganeso de botón, 17
Pila de óxido de plata de botón, 17
Pila recargable, 25
Pila recargable de cadmio níquel, 17
Pilas alcalinas de manganeso,
  16
Pilas de cámaras, 17
Pilas de formato botón para
  relojes y audio, 17
Pilas de mercurio, 17
Pilas y baterías, 16, 17
Pinza de las minas, 12
Piñón
  de taladro de mano, 21
  de reloj, 6
Piñón de diecisiete dientes, 58
Piñón de trece dientes, 58
Piñón de treinta dientes, 58
Piñón de veintitrés dientes, 58
Piñones de la rueda libre, 58
Pivote, 33
Placa de asiento
  de cafetera exprés, 54
  de máquina de escribir, 42
  de multirrobot de cocina, 40
  de tostadora, 46
Placa de control, 40
Placa de empuje, 21
Placa de identificación, 53
Placa de pivote, 32, 33
Placa de protección y sujeción
  del reloj, 15
Placa de soporte de los cables,
  51
Placa de sujeción de cabezales,
  24
Placa de sujeción de la casete,
  14
Placa del filtro, 55
Placa frontal del interruptor,
  25
Placa lateral del bastidor, 18
Placa negativa de plomo esponjoso, 16
Placa ornamental, 10
Placa positiva de peróxido de
  plomo, 16
Placa posterior del interruptor,
  25
Placa presora, 28
Placa reflectora, 46, 47
Plastón, 8, 9
Platina, 15
Platina de la bobina de barrido, 36
Platina de papel, 43
Platina frontal, 6
Platina posterior, 6
Plato de cuarenta y seis dientes, 58
Plato de treinta y seis dientes,
  59
Plato de veinticuatro dientes,
  59
Pletina (placa) de soporte de
  los carretes, 15
Pliego, 26, 27
Pliegue, 56, 57
Plomo de bola corredizo, 18
Pluma, 19
Plumas estilográficas, 12-13
Plumilla, 13
Polea del motor, 50

Poleas de bobinado y rebobinado rápido, 15
Polo negativo
 de minitelevisor, 36
 de pila, 17
Polo positivo
 de mini televisor, 36
 de pila, 17
Porta, 55
Portacarrete, 19
Portacinta, 43
Portacuchillas, 41
Portaescobilla, 20
Portalámparas, 32
Portanivel, 54, 55
Portaplumillas, 13
Potencia del manillar, 59
Preajuste de la velocidad del motor, 14
Prendedor de la correa, 14
Prensa café, 55
Presilla
 de gabardina, 56
 de traje, 8
Presilla de la trabilla o pala del hombro, 56, 57
Pretina, 9
Protección interior, 47
Protector de la correa, 50
Protector de los radios, 58
Protector de nivel, 54
Protector del acelerador, 50
Protector metálico de la resistencia central, 47
Puente
 de reloj, 7
 de silla de montar, 52, 53
Puente de conexión con enchufe hembra, 14
Puente de la rueda de minutos, 7
Puente del áncora, 6
Puerta lateral de inspección, 6
Pulsador de apertura, 48
Pulsador de liberación de la bobina, 18, 19
Punta, 13
Punta de iridio, 13
Punta de la varilla, 49
Puntera
 de caña de pescar, 19
 de zapato, 22
Puntera picada, 22
Punto de conexión a tierra, 46
Punto de entrada del cable, 46
Punto de referencia de montaje del objetivo, 29
Puño, 48, 49
Puño del manillar, 59

R

Radio, 58, 59
Radio tensor, 49
Rallador, 41
Ralladoras, 41
Rallador fino para las verduras, 41
Rallador grueso para las verduras, 41
Rangua del pivote, 6
Rangua del pivote del barrilete, 6
Rangua del pivote del caracol, 6
Ranura, 38
Ranura del conmutador, 11
Ranurado de palancas, 42

Receptáculo del chasis de película, 28
Recipiente de la batidora, 41
Rectificador, 25
Recubrimiento del eje de los pedales, 58
Referencia de aberturas y distancias, 29
Refuerzo
 del magnetófono, 15
 del traje, 8, 9
Refuerzo armado, 52
Refuerzo de la almohadilla de la mano, 31
Refuerzo de la almohadilla de la pata, 31
Refuerzo de la oreja, 22, 23
Refuerzo de la pala, 23
Refuerzo de la pretina, 9
Refuerzo de la puntera, 22
Refuerzo del contrafuerte, 23
Refuerzo metálico, 52
Regatón, 48, 49
Registro, 26, 27
Regulador de fuerza, 24
Regulador de la velocidad de avance, 51
Regulador del acelerador, 51
Regulador del freno, 18
Rejilla, 24
Rejilla de protección de la resistencia lateral, 46, 47
Rejilla de ventilación
 de motosierra, 38
 de taladradora, 21
Rejilla para el goteo, 55
Reloj, 6-7
Reloj (del magnetófono), 14
Reloj con pantalla de cristal líquido, 15
Relleno de espuma, 39
Relleno de poliéster, 31
Relleno de virutas finas, 31
Remache
 de paraguas, 49
 de silla de montar, 32
Remache de cobre, 52
Remache del revirón, 23
Remate del brazo, 38, 39
Repostero, 41
Resistencia central, 47
Resistencia grande, 54
Resistencia lateral, 46, 47
Resistencia pequeña, 54
Resistor, 11
Resorte (Ver «Muelle»)
Respaldo de la cámara, 28
Retén
 de depósito de aceite, 35
 de depósito de combustible, 34
Retén del mando de ajuste, 41
Retén del muelle, 33
Retén del prisma, 29
Revestimiento de la caldera, 54, 55
Revestimiento del lateral del interruptor,, 46, 47
Revestimiento inferior, 11
Revestimiento interior, 45
Revestimiento lateral, 47
Revestimiento superior, 10
Revirón, 22, 23
Riel de arrastre de la película, 28
Riel guía de la película, 28
Rodaja estancia, 17
Rodamiento de bolas
 de cafetera exprés, 55

de máquina de escribir, 43
Rodillera, 52
Rodillo, 42, 43
Rodillo prensapapel, 43
Rodillo presor
 de cámara fotográfica, 28
 de magnetófono, 15
Rosca de unión, 13
Rosca para el trípode, 28
Rotor, 25
Rotor con cuerda de arranque, 34
Rueda de escape, 43
Rueda de minutos, 7
Rueda delantera
 de bicicleta, 59
 de cortacésped, 50, 51
Rueda del trinquete, 6
Rueda empotrada, 45
Rueda horaria, 7
Rueda motriz
 de bicicleta, 58
 de multirrobot de cocina, 40
 de taladradora de mano, 21
Rueda tensora, 58
Rueda trasera
 de bicicleta, 58
 de cortacésped, 50, 51

S

Saetín, 23
Salida, 55
Sedal, 18, 19
Segmento, 42
Seguro del acelerador, 34
Selector de altura, 50
Selector de resistencias, 55
Selector de velocidad, 40
Selector del tipo de cinta, 14
Semicírculo, 18
Sensor de fin de cinta, 15
Separador, 16
Separador absorbente, 17
Separador de barrera, 17
Separador de piñones, 58
Silenciador, 50
Silla, 38-39
Silla de montar, 52-53
Silla inglesa, 52
Sillín, 58, 59
Sintonizador, 36
Sistema articulatorio de la pata derecha, 31
Sistema articulatorio del brazo derecho, 31
Sistema articulatorio del brazo izquierdo, 31
Sistema de engranajes, 24
Sobre manga, 8, 9
Sobrecincha, 52, 53
Solapa
 de gabardina, 56, 57
 de traje, 9
Sombrerete de válvula, 59
Soporte de cabezales afeitadores, 24
Soporte de cuchillas, 24
Soporte de expulsión, 46, 47
Soporte de la antena, 37
Soporte de la batería, 51
Soporte de la batidora, 41
Soporte de la llave de apriete, 20, 21
Soporte de la pantalla, 15
Soporte de la válvula, 55

Soporte del cable de tracción, 51
Soporte del colector, 51
Soporte del engranaje tensor, 15
Soporte del mecanismo de cambio, 58
Soporte del motor, 15
Soporte del teléfono, 11
Soporte del tubo de rayos catódicos, 36
Suela, 22
Suela con cerco, 23
Suela exterior, 22, 23
Sujeción de la resistencia, 47
Sujeción de platina, 6
Sujeción del distribuidor de la mina, 12
Sujeta cuchillas, 24
Sujetador
 de bolígrafo, 12, 13
 de lápiz estilográfico, 12
 de pluma, 12, 13

T

Tabique entre elementos, 16
Tabla de conexiones, 25
Taco de madera, 38
Tacón, 22, 23
Tachón, 45
Tachuela
 de silla, 39
 de silla de montar, 52
Taladro, 38, 39
Taladro de mano, 21
Taladradoras, 20-21
Talón
 de plumilla, 13
 de zapato, 22
Talonera, 22
Tambor, 18
Tambor de la cuerda de arrastre, 43
Tambor para bobina interior, 18
Tapa
 de cortacésped, 50
 de máquina de escribir, 3, 42
 de multirrobot de cocina, 40
 de portalámparas, 32
Tapa de cuero, 26, 27
Tapa de la caja de engranajes, 21
Tapa de la caja del carburador, 34
Tapa de la guía del sedal, 19
Tapa de la rueda, 50
Tapa de la válvula, 55
Tapa de las cuchillas, 50
Tapa del cable sincronizador para flash, 28
Tapa del compartimento de las pilas, 36
Tapa del contador de exposiciones, 29
Tapa del cuello
 de gabardina, 57
 de traje, 8
Tapa del disco de embrague, 35
Tapa del extremo del brazo, 32, 33
Tapa del filtro del aire, 50
Tapa del grupo, 55

Tapa del recipiente de la batidora, 41
Tapa del silenciador, 50, 51
Tapa del tambor, 19
Tapa del trinquete de retenida, 18
Tapa interna de las pilas, 15
Tapa monobloque, 16
Tapa protectora, 24
Tapa superior
 de cafetera exprés, 55
 de taladradora, 20
Tapatornillos
 de magnetófono, 14
 de multirrobot de cocina, 40
Tapicería de la silla, 39
Tapón
 de lápiz estilográfico, 12
 de cortacésped, 40
Tapón de la caldera, 54
Tapón del depósito de aceite, 34
Tapón del depósito de combustible
 de cortacésped, 50
 de motosierra, 34
Tapón de relleno con válvula, 16
Tarjeta de circuitos impresos
 de magnetófono, 15
 de maquinilla de afeitar, 25
 de mini televisor, 37
 del teléfono, 10, 11
Tarjeta de circuitos impresos del sintonizador, 36
Tarjeta principal de circuitos impresos incorporada, 14
Tarjetero, 43
Tecla
 de máquina de escribir, 42, 43
 de teléfono, 10
Tecla de bloqueo de mayúsculas, 42
Tecla de la memoria, 10
Tecla de mayúsculas, 42
Tecla de repetición automática de llamada, 10
Tecla de retroceso, 42
Tecla del interruptor, 25
Teclado numérico, 10
Teléfono, 10-11
Televisor, 36-37
Temporizador, 46
Terminal del cable sincronizador para flash, 28
Timbre piezoeléctrico, 11
Tipo, 42
Tirante, 53
Tiristor bidireccional, 20
Toma de aire, 21
Tope
 de paraguas, 49
 de zapato, 22
Tope de rodillera, 52
Tope guarnecido con púas, 35
Tornillo
 de cafetera exprés, 54, 55
 de cortacésped, 50, 51
 de magnetófono, 15
 de maleta, 44, 45
 de máquina de escribir, 43
 de mini televisor, 36
 de motosierra, 34, 35
 de multirrobot de cocina, 40
 de osito de peluche, 30, 31
 de paraguas, 48
 de silla, 38, 39
 de silla de montar, 52

de taladradora, 20
 de teléfono, 10, 11
 de tostadora, 46, 47
Tornillo de cabeza de engranajes, 21
Tornillo de cabeza redonda, 33
Tornillo de expansión
 de magnetófono, 15
 de motosierra, 34
Tornillo de la carcasa, 21
Tornillo de la funda, 25
Tornillo de la placa de asiento, 41
Tornillo de la tapa de la caja de engranajes, 21
Tornillo de la virola, 13
Tornillo de potencia, 59
Tornillo de precisión, 15
Tornillo de puente, 6, 7
Tornillo de resalto, 50
Tornillo de sujeción
 de cámara fotográfica, 28, 29
 de caña de pescar, 18, 19
 de flexo, 33
 de teléfono, 11
 de tostadora, 47
Tornillo de sujeción de la biela, 58
Tornillo de trinquete, 6
Tornillo del áncora, 6
Tornillo del calefactor, 54
Tornillo del mando del freno, 19
Tornillo del minutero, 7
Tornillo del muelle tensor, 6
Tornillo del puente del áncora, 6
Tornillo del sujetador, 13
Tornillo del tambor, 19
Tornillo del trinquete del caracol, 6
Tornillo terminal, 32
Torno, 33
Tostadora, 46-47
Traje, 8-9
Trabilla, 56
Trabilla de la cinturilla del puño, 56
Trabilla del cinturón
 de gabardina, 57
 de traje, 8
Trabilla del hombro, 56, 57
Trabilla interior, 9
Traje de dos piezas, 9
Trampilla inferior, 7
Transductor del auricular, 10
Transformador, 25
Transformador de líneas o de retorno del haz, 37
Transistor, 11
Trasero derecho del pantalón, 8
Trasero izquierdo del pantalón, 9
Travesaño anterior del asiento, 38, 39
Travesaño inferior del respaldo, 38
Travesaño lateral del asiento, 38, 39
Travesaño posterior del asiento, 38, 39
Travesaño superior del respaldo, 38
Trident (hembra), 44
Trident (macho), 45

Trinquete antirretorno, 18
Trinquete de retenida, 18
Trinquete del berbiquí, 21
Trinquete del caracol, 6
Trinquete del mecanismo de arrastre, 43
Tubo, 55
Tubo de empalme, 36
Tubo de la dirección, 59
Tubo de pesca, 55
Tubo de presión, 12
Tubo de rayos catódicos, 36
Tubo de tinta, 13
Tubo de vacío, 32

Tubo del depósito de las minas, 12
Tubo del sillín, 58
Tubo diagonal, 59
Tubo perforador, 13
Tuerca
de cafetera exprés, 54, 55
de flexo, 32, 33
de máquina de escribir, 42, 43
de tostadora, 46, 47
Tuerca de la espada, 35
Tuerca de palomilla, 32, 33
Tuerca del bastidor, 18
Tuerca hexagonal de flexo, 33

de motosierra, 34
Tuerca para variar el período de oscilación, 6

U

Uñeta del trinquete, 6

V

Válvula, 59
Válvula de expulsión de vapor, 55
Válvula de ventilación, 17
Vaporizador, 55

Varilla, 48, 49
Varilla de admisión, 34
Varilla del aceite, 50
Varilla del péndulo, 6
Varilla metálica del armazón, 52
Varilla principal, 48
Varilla sujetapapel, 3, 43
Vástago del freno, 18
Vástago del sillín, 58
Vástago roscado, 33
Ventanilla
de contador de cámara fotográfica, 29
de mini televisor, 37
de teléfono, 10

Ventanilla del compartimento de la casete, 14, 15
Ventilador, 20
Vira, 22, 23
Virola
de bolígrafo, 12, 13
de navaja barbera, 24
de paraguas, 49
Virola de la manecilla, 7
Vista del bolsillo, 8, 9
Vista exterior de la carcasa, 21
Vista frontal de una cámara, 28
Vista interior de la carcasa, 20
Vista posterior de una cámara, 28

Vista superior de una cámara, 29
Vistas, 56
Vivo
de bolsillo, 8, 9
de maleta, 44, 45
de silla de montar, 53
de zapato, 22
Vivos, 57
Volante, 50
Vuelta de la solapa, 8, 9

Z

Zapata de accesorios, 29
Zapatos, 22-23

Colaboraciones

En la edición inglesa han colaborado:
City Clocks (Reloj); Agnews Tailors; Hacket (Traje); Audioline Ltd.; S. A. Jackson (Teléfono); Berol Ltd. Parker Pen Co; Penfriend (Londres) Ltd.; Philip Poole & Co Ltd.; Rotring UK Ltd. (Lápices, plumas y bolígrafos); Christopher Cullen, Babber Electronics; Sony UK Ltd. (Magnetófono de bolsillo; Mini televisor); Duracell Ltd.; Exide Batteries Ltd. (Pilas y baterías); Farlows of Pall Mall; House of Hardy; Leeda Fishing Tackle (Caña de pescar); Black and Decker Ltd. (Taladradoras); British Footwear Manufacturing Federation; Grenson Shoes Ltd. (Zapatos); Philips Domestic Appliances and Personal Care (Maquinillas de afeitar y navajas); The Folio Society; R.S. Bookbinders (Libros); Pentax UK Ltd. (Cámara fotográfica); Canterbury Bears Ltd. (Osito de peluche); F. E. Murdin, Decorative Lighting Association, Habitat (Flexo); Andreas Stihl Ltd. (Motosierra); Chingford Reproductions Ltd. (Silla); Braun UK Ltd. (Multirrobot de cocina); Allens Typewriters Ltd.; W. A. Beeching; G. F. Curril (Máquina de escribir); Carlton UK Ltd. (Maleta); Dualit Ltd. (Tostadora); Fulton Umbrellas Ltd.; Sol Schaverien & Sons Ltd. (Paraguas); J. B. Dove; Toro Wheelhorse UK Ltd. (Cortacéspedes); W&H Gidden Ltd. (Silla de montar); Fairfax Engineering Ltd.; Pavoni SPA (Cafetera exprés); Burberry's of London (Gabardina); F. W. Evans Cycles Ltd.; Trek UK Ltd. (Bicicleta).

Colaboración suplementaria en el diseño:
Sandra Archerk, Paul Calver, Simone End, Nicki Liddiard

Colaboración editorial suplementaria:
Susan Bosanko, Deirdre Clark, Edwina Johnson, Gail Lawther, Christine Murdock

Índice:
Elaine Mills

En la edición española han colaborado:
Relojería Vela Rubio (Reloj); Victor Najar (Traje); Francisco Gisbert, Papelería Alicantina (Lápices, plumas y bolígrafos); José Manuel Soler, Electrónica Soler (Magnetófono de bolsillo; Mini televisor); Vicente Soler (Pilas y baterías); Artículos de pesca Piscis; Pesca García (Caña de pescar); Hermanos Poveda, Fca. Ripoll e Isabel Pastor (Zapatos): Reparación de Electrodomésticos Mira (Maquinillas de afeitar y navajas); Artículos fotográficos Botella (Cámara fotográfica); Nélida Écija de las Heras (Flexo); Salvador Giner e Hijos (Motosierra; Cortacéspedes); S. A. T. San Pablo (Multirrobot de cocina; Tostadora); Olympia S. A. T. Entrellardat (Máquina de escribir); Carlos Gracia Lara (Silla de montar); Chelo Gosálbez Garre (Cafetera exprés); Reyes Franco (Gabardina); J. Carlos Cardiel, Comercial Tyris (Bicicleta); y muchos otros particulares y profesionales sin cuya amabilidad habría sido difícil llevar a feliz término la presente traducción.